RESEARCH ON CHINA-HENAN FREE TRADE ZONE
APPLICATION AND DEVELOPMENT

航空经济发展河南省协同创新中心
Collaborative Innovation Center of Aviation Economy Development, Henan Province
航空技术与经济丛书·智库报告
总编◎梁晓夏　李　勇

中国（河南）自由贸易区申建研究报告

杨波　刘春玲　马凌远 等　编著

社会科学文献出版社
SOCIAL SCIENCES ACADEMIC PRESS (CHINA)

序 一

2013 年 3 月 7 日，国务院正式批复了《郑州航空港经济综合实验区发展规划（2013—2025 年）》，这是我国首个作为国家战略的航空港经济发展先行区。郑州航空港经济综合实验区（简称"航空港实验区"）批复后呈现快速发展态势。纵向来看，2010～2015 年航空港实验区地区生产总值年均增长 43.3%，规模以上工业增加值年均增长 61.4%，固定资产投资年均增长 69.9%，一般公共预算收入年均增长 79.1%，进出口总额年均增长 411.1%。横向来看，2016 年航空港实验区规模以上企业工业增加值完成 360.4 亿元，地区生产总值完成 626.2 亿元；郑州新郑综合保税区 2016 年完成进出口总值 3161.1 亿元，首次跃居全国综保区第一位。2016 年，郑州新郑国际机场客货运生产再创历史新高，其中旅客吞吐量同比增长 20%，国内机场排名跃升至第 15 位；郑州新郑国际机场 2016 年货邮吞吐量跃居全国各大机场第七位，总量相当于中部六省其他五省省会机场货邮吞吐量的总和。实践证明，航空港实验区作为龙头，不断引领和支撑地方经济社会发展，带动河南通过"空中丝路、陆上丝路、网上丝路、立体丝路"，打造河南创新开放的高地，加快跨境电商示范区和中国（河南）自贸区建设，为郑州建设国家中心城市奠定了良好基础。

作为全国首个国家战略级别的航空港经济发展先行区，航空港实验区的战略定位是国际航空物流中心、以航空经济为引领的现代产业基地、内陆地区对外开放重要门户、现代航空都市、中原经济区核心增长极。其中，紧扣航空经济发展这一重要主题，突出先行先试、改革创新的时代特征和功能。近几年来的发展实践表明，无论是发展速度，还是发展规模和质量，航空港实验区在许多方面已经赶上或超越了国际上许多典型航空都市的发展，对地方经济社会发展乃至"一带一路"战略实施产生了积极影响。作为一种新型的经济形态，航空经济的健康发展既需要实践过程的创新和经验总结，也需要创新、建构航空经济理论体系作为行动指导。

郑州航空工业管理学院是一所长期面向航空工业发展培养人才的普通高等院校。在近 70 年的办学历程中，学校形成了"航空为本、管工结合"的人才培养特色，确立了在航空工业管理和技术应用研究领域的较强优势。自河南省提出以郑州航空港经济综合实验区建设为中原经济发展的战略突破口以后，郑州航空工业管理学院利用自身的学科基础、研究特色与人才优势，全面融入郑州航空港实验区的发展。2012 年 6 月，郑州航空工业管理学院培育设立"航空经济发展协同创新中心"和"航空材料技术协同创新中心"。2012 年 12 月，河南省依托郑州航空工业管理学院设立"河南航空经济研究中心"。2013 年 6 月 26 日，河南省在实施"2011"计划过程中，依托郑州航空工业管理学院建立了"航空经济发展河南省协同创新中心"（以下简称"创新中心"）。学校先后与河南省发展和改革委员会、郑州市人民政府、河南省工业和信息化委员会、河南省民航发展建设委员会办公室、河南省机场集团有限公司、河南省民航发展投资有限公司、中国城市临空经济研究中心（北京）、郑州轻工业学院、洛阳理工学院等多家单位联合组建协同创新联盟，协同全国航空经济领域的有识之士，直接参与航空港实验区的立题申请论证、发展规划起草对接等系列工作。

自 2012 年 6 月由郑州航空工业管理学院启动实施以来，在河南省教育厅、河南省发改委、河南省民航办等单位给予的大力支持下，创新中心的建设进入快车道。2015 年 7 月 1 日，中共河南省委办公厅、河南省人民政府办公厅在《关于加强中原智库建设的实施意见》中，将创新中心列入中原高端智库建设规划。2015 年 12 月，河南省教育厅、河南省财政厅下发文件，确定郑州航空工业管理学院"航空技术与经济"学科群入选河南省优势特色学科建设一期工程。2017 年 3 月 30 日，创新中心理事会又新增了郑州航空港经济综合实验区管委会、中国民用航空河南安全监督管理局、中国民用航空河南空中交通管理分局、中国南方航空河南航空有限公司、中航工业郑州飞机装备有限责任公司、河南省社会科学院和河南财经政法大学 7 家理事单位，航空特色更为鲜明。

创新中心自成立以来，秉承"真问题、真协同、真研究、真成果"的"四真"发展理念，先后聘请了美国北卡罗纳大学 John. D. Kasarda、北京航空航天大学张宁教授、河南大学经济学院名誉院长耿明斋、英国盖特维克机场董事会高级顾问 Alexander Kirby、清华大学蔡临宁主任等国内外知名学者担任首席专家，以"大枢纽、大物流、大产业、大都市"为创新主题，以"中心、平台、团队"为创新支撑，以"政产学研用"为创新模式，建立了 4 个创新平台，组建了 20 多个创新团队，完成了"郑州航空港经济综合实验区国民经济和社会发展的第十三个五年规划"等一批国家重点社会科学基金、航空港实验区招标项目、自贸区建设等方面课题的研究工作，形成一批理论探索、决策建议、调研报告等。为梳理这些成果的理论和应用价值，并将其以更加科学、系统和规范的方式呈现给广大读者，围绕航空经济理论、航空港实验区发展、中国（河南）自由贸易试验区建设等主题，创新中心推出"航空技术与经济丛书"，从"研究系列"、"智库报告"、"译著系列"三个方面，系统梳理航空领域国内外最新研究成果，以飨读者。

尽管编写组人员投入了大量的精力和时间，力求完美，但因时间有限，难免存在一些不足之处。我们期待在汇聚国内外航空技术与经济研究精英、打造航空经济国际创新联盟的过程中不断突破。也希望关心航空经济发展的领导专家及广大读者不吝赐教，以便丛书不断完善，更加完美！

梁晓夏　李　勇

2017 年 3 月

序 二

中国经济的改革和开放已走过近 40 个春秋，这是一段让中国人物质生活和精神意识产生剧烈变动的岁月，也是中国经济学探索和研究最为活跃、作用最为显著的时期。

区域经济是发展经济学研究的一个重要课题。谈及区域经济、区域发展，人们经常聚焦社会经济历史的发展趋势、发展道路、发展模式、发展动因和特点等问题，诸如：发达地区经济如何长期稳定发展，并保持优势地位；落后地区经济如何跨越式发展，实现赶超；如何打造区域经济的新增长极；等等。

经济社会发展至今，提高产业自主创新能力，走新型工业化道路，推动经济发展方式转变，成为关系我国经济发展全局的战略抉择。因此，我们急需具有附加值高、成长性好、关联性强、带动性大等特点的经济形态即高端产业来引领、带动、提升。郑州航空港经济综合实验区作为中原经济区的核心层，完全具备这些特点及能力。在全球经济一体化和速度经济时代，航空经济日益成为在全球范围内配置高端生产要素的"第五冲击波"，成为提升国家和区域竞争力、促进经济又好又快发展的"新引擎"。

2013 年 3 月 7 日，国务院正式批准《郑州航空港经济综合实验区发展规划（2013—2025 年）》（以下简称《规划》），这标志着中原经济区插上了腾飞的"翅膀"，全国首个航空港经济发展先行区正式起航了。

《规划》的获批既是河南发展难得的战略机遇，也是河南航空经济研究中心与航空经济发展河南省协同创新中心的依托单位——郑州航空工业管理学院千载难逢的发展良机。

目前，在我国航空经济发展研究中，以介绍、评述和翻译国外研究成果的居多，航空技术与经济发展的理论基础研究尚未引起足够的重视。航空经济发展河南省协同创新中心组织国内外研究力量编著的"航空技术与经济丛书"，正是针对这一重要课题而进行的学术上的有益探索。

中国的改革仍在继续进行，中国的发展已进入一个新的阶段。既面临诸多挑战，又面临不少新的机遇。本丛书并不想创造有关航空经济的新概念，而是试图为研究航空经济的学者提供一个研究的理论基础，生命是灰色的，但理论之树常青。同时，本丛书还试图从对航空技术与经济实态的观察中抽象出理论，哪怕只能对指导实践产生微薄的作用，我们也将倍感欣慰。

郑州航空港经济综合实验区的建设是一个巨大的、先行先试的创新工程，国内临空经济示范区你追我赶，本丛书也是一个理论和实践相结合的创新。丛书的出版对认识发展航空经济的意义，对了解国内外航空经济发展的实践，对厘清航空经济的发展思路具有重要的现实意义。希望本丛书能服务于郑州航空港经济综合实验区的建设，引领国内航空技术与经济研究的热潮！

特向读者推荐！

张 宁

2017 年 3 月

目　录

报告一

河南自贸试验区背景下投资便利化和
贸易自由化研究*

马凌远　赵俊英　柯瑞芬　尚　贤　宗晓亚

摘　要：本报告的研究是在全球贸易投资自由化、便利化的背景下展开的。目的在于，通过对自贸试验区背景下投资便利化和贸易自由化的研究，为中国（河南）自由贸易区的申建提供一些切实可行的政策建议。

　　本报告分析了河南在贸易自由化和投资便利化方面存在的问题与发展诉求。在投资领域开放和投资便利化方面主要涉及物流贸易领域、制造业领域、农业领域、金融领域、其他服务业领域。贸易便利化与关检监管方面主要涉及贸易转型升级问题、监管便利化问题、税收配套问题、内陆物流服务问题。接着对河南省投资便利化和贸易自由化试验内容与创新举措进行了梳理，除了介绍三大产业的相关创新举措，也在部门层面进行了分析，在投资便利化方面涉及的部门包括河南省外侨办、国家外管局河南分局、河南省银监局、河南省证监局、河南

*　本报告是中国（河南）自由贸易试验区工作领导小组办公室研究课题的最终研究报告。执笔人：马凌远、赵俊英、柯瑞芬、尚贤、宗晓亚。马凌远，男，1981年生，博士，郑州航空工业管理学院经贸学院副教授，航空经济发展河南省协同创新中心研究员，主要研究领域为国际贸易理论与政策、航空经济。赵俊英，女，1980年生，硕士，郑州航空工业管理学院经贸学院副教授，主要研究领域为农村金融、产业经济研究。柯瑞芬，硕士，郑州航空工业管理学院经贸学院讲师。尚贤，硕士，北京大成（郑州）律师事务所律师。宗晓亚，硕士，郑州航空工业管理学院经贸学院讲师。

省保监局；在贸易自由化便利化方面涉及的部门包括河南电子口岸平台、河南出入境检验检疫局、郑州海关和河南邮政管理局。

在贸易便利化政策安排方面，本报告提出：①建立合理的原产地规则；②以供应链为导向制定口岸工作流程；③建立无纸贸易平台，提供贸易流通服务；④制定流畅标准的程序以提高商务流动性；⑤构建跨境电子商务海关监管体系；⑥大力开发国际离岸贸易；⑦实施区域电子商务协同工程；⑧提高政策透明度，保证跨境贸易环境的公平；⑨建立贸易自由化服务机构和研究机构；⑩积极争取国家部委在贸易便利化政策上的支持。

在投资便利化政策安排方面，本报告提出：①项目管理便利化；②工商登记便利化；③金融服务便利化；④推进行政审批制度改革；⑤优化投资服务环境；⑥优化与投资便利化相关的制度安排；⑦建立健全与投资便利化相关的体制机制。

关键词：自贸区；贸易自由化；贸易便利化

一　研究背景与目的

（一）研究背景

2006 年，WTO 总理事会批准中止旨在推动 WTO 成员方签署贸易自由化多边协定的多哈回合谈判。此后，全球经济合作出现了 3 个新的趋势：一是由以货物贸易为主，向货物贸易和服务贸易并重转变，并且更加注重服务贸易的开放与发展；二是由以贸易功能为主，向贸易功能和投资功能并重转变，并且更加注重投资的自由化和便利化；三是由以境外贸易壁垒为主，向境外贸易壁垒和境内贸易壁垒并重转变，并且更加关注境内贸易壁垒的消除。以上 3 个新趋势表明，在新一轮的全球化进程中，各国都在力争向更开放的贸易和投资自由化、便利化新标准靠近，并且尤其注重投资自由化问题。因为，投资自由化比贸易自由化要求更高，是新一轮开放过程中必须加以重视的。

在 2014 年 3 月第十二届全国人民代表大会第二次会议上，李克强总理在《政府工作报告》中谈到开创高水平对外开放新局面时，讲了如下一段话："坚持推动贸易和投资自由化便利化，实现与各国互利共赢，形成对外开放与改革发展良性互动新格局。"该句话有 3 层内涵：一是我国鼓励贸易和投资自由化、便利化；二是我国将通过贸易和投资自由化、便利化，进一步融入全球经济；三是要以这种开放姿态促进国内的改革。而该表述首次提出了"贸易和投资自由化"这一概念。而在以往，大多只提"便利化"而不大提"自由化"。这可以说是一个历史进步。

目前，在全球贸易自由化和便利化方面具有一定国际法约束力的"游戏规则"，主要体现在以下两个国际性文件中。

第一个文件是 1973 年于日本京都签署的《京都公约》（全称为《关于简化和协调海关业务制度的国际公约》）。这一公约在 1999 年和 2006 年进行过两次修订。它被公认为国际海关领域的基础性公约，与《商品名称及编码协调制度公约》《关于防范、调查、惩处违反海关法行为的海关行政互助公约》《关于暂准进口的海关公约》一并成为世界海关组织四大支柱性公约。这一公约的最大亮点，是界定了"自由区"（即我们现在所说的"自由贸易园区"）的内涵和准则，规定了关于自由区的 18 个标准条款和 3 个建议条款。《京都公约》的签署推动了全球自由贸易园区的蓬勃发展。

第二个文件是 2005 年世界海关组织通过的《全球贸易安全与便利标准框架》（本报告以下简称《框架》）。到目前为止，这是国际社会关于贸易安全与便利最具引领性和权威性的协调框架。通过《框架》订立的六大目标和原则可以看出，它为世界贸易提供了一个全新的平台，将提高海关甄别和处理高风险货物的能力，增强管理货物的效率，从而加快货物的通关和放行。

贸易自由化是经济全球化对贸易领域的要求，推进贸易自由化是当代贸易的一个趋势和世界贸易组织的宗旨。从各国经济发展的普遍经验看，对外贸易是一国经济增长的发动机。中国应树立贸易强国的思想理念，在全球贸易格局新一轮重组变化中争得先机。在当前区域一体化的大背景下，中国（上海）自由贸易试验区建设是适应经济全球化的一项战略选择，作为国家金融服务创新试验区，将通过优化商贸环境，解除显性或隐性的贸易壁垒，构建便利化的贸易空间，使国内外贸易变得更为自由、便捷、畅通，提高自贸区的商贸能级，确保国家和企业的根本利益。

（二）研究目的

本报告的研究正是在全球贸易投资自由化、便利化的背景下展开的。目的在于，通过对自贸试验区背景下投资便利化和贸易自由化的研究，为中国（河南）自由贸易区的申建提供一些切实可行的政策建议。

通过贸易自由化、便利化促使河南改善通关环境、提高通关效率、降低企业物流和通关成本，提升河南省对外贸易水平，提高外贸企业的国际竞争力和影响力；通过投资便利化使河南本土企业"走出去"并更好地适应国际市场环境，便利企业资金管理和贸易投资安排，使自贸区成为本土企业"走出去"的天然桥头堡，也为外资企业尤其是境外服务业企业进入河南市场提供新渠道、新机遇，并营造"鲶鱼效应"倒逼产业结构升级和市场环境优化。

二　河南贸易自由化和投资便利化方面存在问题与发展诉求

（一）投资领域开放和投资便利化方面

1. 体制机制障碍和政策瓶颈

外商投资面临准入和流程两方面障碍，受限制和禁止的行业较多，需要经过谨慎的事前审批。各类所有制企业在市场准入上有不同资质要求，如部分领域对国有企业和内资企业有股比要求等保护性的准入壁垒，民营与国有、内资与外资企业面对的竞争环境还不完全公平透明。

（1）物流贸易领域

一是航空货运企业的外资准入存在股比和经营范围限制；二是航空相关服务业（维修、油料、飞行培训等）仍存在比较严格的外商投资限制；三是航空货运的机场地面服务市场化程度低，基本由机场公司或基地航空公司独资或控股；四是整个铁路运营体系的市场化程度低；五是出口电商货代和配套物流服务领域外商投资不便利。

（2）制造业领域

一是与工业4.0相关的物联网、增值电信、工业信息服务等领域对外资有准入、股比、经营范围的限制；二是工业升级改造需要先进设备支持，对融资租赁单机公司注册资本有最低限制，不利于中小企业在工厂升级方面的灵活投融资。

（3）农业领域

外资在农业新品选育、粮油和农用化工品等若干产品的批发零售、大型农产品批发市场等农产品生产和流通领域面临准入限制，借国际专业运营商来提升本地农业产业化水平还很难实现。

（4）金融领域

一是经常项下的人民币结算业务、境外人民币借款等账户活动面临限制。二是外资金融机构与民营资本设立银行等金融机构存在准入限制。三是融资租赁、商业保理等新型功能性金融机构在注册资本和业务经营范围方面有较高的准入门槛，其支持实体经济的潜力还没有充分发挥。四是期货交易机制国际化程度低，境外经纪机构和境外投资者准入都面临较严格的限制，交易所交易产品的国际定价影响力很有限。五是郑州新郑综合保税区（以下简称"新郑综保区"）、出口加工区等特殊监管区域不能开展期货保税交易。

（5）其他服务业领域

一是职业技术培训机构对外资准入有限制，很难利用国际资源升级河南本地特色技术教育；二是文化领域的内容、经纪等对外资的准入和股比限制较严格。

2. 改革发展诉求

为内资和外资、国有与民营各类企业创造一视同仁的准入环境，促进各类经济主体提高活力。

（1）物流贸易方面。提高物流贸易领域的市场化运作程度，使郑州片区作为国际物流枢纽和经济通道的作用得到充分发挥，试验挖掘开放的市场环境促进中国物流贸易行业发展的潜力。

（2）制造业方面。为工业4.0的试验进行可能的准备和支持。

（3）农业方面。提高农业领域发展活力，测评内外资共同参与农业产业全链条发展带来的影响。

（4）金融方面。一是获得与已有自贸区相同或相近的金融监管政策，充分开放金融市场，测试开放金融市场对区域经济的推动能力。二是使期货交易所尽可能提高国际市场参与程度，评估其对期货交易定价权提升的推动作用。

（5）其他服务业方面。获得开放的服务业发展环境，利用国内国际多种资源发展和升级本地区的服务业。

（二）贸易便利化与关检监管方面

1. 体制机制障碍和政策瓶颈

（1）贸易转型升级问题。一是跨境电商的通关通检体系尚不能达到电商件的效率要求，相应的跨境支付与结汇、退税等支撑系统运转困难；二是作为跨境电商件的邮关，中国邮政在万国邮联中级别较低，且目前外国邮政产品无法从中国邮关出口，因此很大一部分中国出口电商件均由货代揽货并由外国邮政从香港出关；三是大宗产品贸易尤其是农产品贸易中，国际品牌和流通商参与很有限，延缓了农业流通贸易现代化的步伐。

（2）监管便利化问题。一是海关、税务、外汇系统之间在国际物流和贸易业务中还存在脱节的问题，对多式联运物流枢纽和跨境电商发展不利，二是跨地区通关协同还尚未做到一体化和电子化，河南18个口岸的电子口岸大通关系统刚刚建立，与枢纽的广大腹地海关之间还没有实现互通互认，多式联运格局的形成还存在障碍。三是国际贸易通关存在多头监管、多次报关报检的现象，信息化程度也比较低。四是跨境电商通关机制不适合出口电商快件或小包的小批量、多批次特点，通关效率和信息化追踪都尚未做好。五是现有的综保区、保税区实行封闭式管理，货物入区虽然保税，但仍有若干海关监管程序，"一线"没有放开，"二线"货物出口退税周期长，需要高效反应的制造业零部件出口等存在一定的时滞，部分地区对出口到综保区的退税审核严于直接出口，使企业采用国内原材料意愿降低。

（3）税收配套问题。一是出口电商由于通关模式不成熟，相应的税收制度也不完善，出现"不退反征"的现象。二是海关监管区内的制造业产品如果内销，内销后返区维修再出区入关需要征税，目前新郑综保区争取到内销返修免税政策，其他地区发展制造业也需要相关政策，以应对消费市场从出口转为国内的趋势。三是除现有海关特殊监管区外，其他拟定纳入自贸区范围的区块还没有保税、设备免税、内销产品采取选择性关税等税收政策。四是综保区只按实际出区状态征税，对加工贸易企业而言区内外政策优势倒挂，影响企业入区积极性，限制了入驻企业的多元化。五是没有明确综保区内企业开具增值税发票的相关政策和操作细则，出口加工区内企业不具有一般纳税人资格,内销贸易业务无法操作。六是出口加工区内企业不能开展一般贸易、转口贸易等业务,不能接受和开具增值税发票,无法实现境内区外采购货物退税。

(4) 内陆物流服务问题。一是郑州海关与各港口海关的通关一体化还在推进初期,尚未形成现代化的海铁联运模式,尤其是与上海港的对接相对较弱,对郑州发挥内陆无水港作用有很大限制。二是郑州的航空货运航权还不够多,对国际航空货运集拼中转有限制。

2. 改革发展诉求

(1) 贸易转型升级方面。促进贸易形式向电商化和现代化流通升级,消除贸易便利化的限制因素。

(2) 监管便利化方面。创新监管模式,促进试验区内货物、服务等各类要素自由流动,推动服务业扩大开放和货物贸易深入发展,形成公开、透明的管理制度。

(3) 提高内陆物流枢纽能级方面。使郑州国际物流枢纽获得更大腹地范围,探索形成具有国际影响的一流物流枢纽的发展模式。

三 河南省投资便利化和贸易自由化试验内容与创新举措

(一) 投资便利化方面

1. 分行业的试验内容与创新举措

实施负面清单管理,消除限制并营造公平的准入环境。对外商投资在若干领域试行给予准入前国民待遇,对企业采用统一准入标准。

(1) 物流贸易领域。一是放宽中外合资航空货运企业的外资股比限制、允许外商独资设立航空维修和航油企业;二是实现地面服务市场化运营并开放外资准入,允许货代直接代理地面服务,提高货运服务水平;三是在郑欧班列率先探索铁路货运运营市场化和外资开放,进行货运组织机构调整;四是开放跨境电商保税仓储、交易、运输及其他增值服务的准入。

(2) 制造业领域。一是放宽先进制造业领域的外资投资限制;放宽物联网、增值电信、工业信息服务等领域的外资股比限制;支持区内企业开展多种形式的技术类境外投资;提高区内制造业企业参与技术类海外投资项目的便利化程度，鼓励设立从事工业技术股权投资的项目公司和技术孵化基金。二是取消对制造业升级相关的设备融资租赁单机公司的注册资本限制。

（3）农业领域。放宽农业流通领域的外资准入，允许中外合资或外商独资的农产品流通市场和流通专业服务。

（4）金融领域。一是放宽对跨境资本交易活动的限制，开展以投资、贸易为重点的资本账户开放试点；允许银行直接办理经常项、直接投资项下的人民币结算业务；支持银行与支付机构合作开展支付机构跨境电子商务人民币结算业务；充分利用境内、境外两个市场、两种资源，允许区内金融机构和企业从境外借用人民币资金；支持区内企业和金融机构在境外发行人民币债券，允许其将资金调回境内使用。二是允许外资金融机构与民营资本在园区内设立供应链金融特色银行。三是鼓励发展融资租赁、商业保理等新型功能性金融机构，降低注册资本准入门槛，扩大业务经营范围。四是开发具有河南优势的能源、合金新期货产品，在维持原有农产品基础上不断增加产品类型；逐步由商品期货市场向衍生品期货、期权、指数期货、期权的综合性期货交易市场转型；完善期货交易机制，开展保税交割；加速市场对外开放，引进境外投资者；在内积极推动关键品种期货国际化，以提升国际影响力。五是允许海关特殊监管区内开展期货保税交割业务。

（5）其他服务业。一是复制上海自贸区经验，允许开办中外合资合作或独资的教育和职业技术培训机构，尤其鼓励面向物流、供应链、跨境电商服务、期货、工业4.0、会展文化等领域的高等教育和高级职业技术培训。二是取消外资演出经纪机构的股比限制，允许在区内设立外商独资演出经纪机构；允许设立外商独资的娱乐场所，鼓励其在区内参与打造与中原文化主题相关且具有国际关注度和知名度的演出节目，并组织巡演；深化贸易平台功能，扩大对外文化贸易和版权贸易。

2. 分部门的试验内容与创新举措

（1）外侨办

一是在职权范围内实行特殊优惠政策。首先，根据自贸区建设需求，为河南省企业"走出去""引进来"牵线搭桥，为企业拓展海外发展空间做好服务，助推河南省顺利承接产业转移和开展国际产能合作。其次，针对区内有关企业有关外籍人士进行商务访问考察的需求，开通审发邀请函、邀请确认函等业务的直通车服务，以利于企业开展商务活动。二是落实免签政策。配合省公安部门落实 24 小时过境免签政策，积极争取将郑州列入 72 小时过境免签城市，促进旅游及投资贸易便利化。

（2）国家外管局河南省分局

①关于外商直接投资管理

第一，取消了直接投资项下外汇登记核准。境内外投资主体可直接到银行办理境内直接投资项下和境外直接投资项下相关外汇登记。

第二，简化了境内直接投资项下外国投资者出资确认登记管理。取消境内直接投资项下外国投资者非货币出资确认登记和外国投资者收购中方股权出资确认登记，将外国投资者货币出资确认登记调整为境内直接投资货币出资入账登记。

第三，取消了境外再投资外汇备案。境内投资主体设立或控制的境外企业在境外再投资设立或控制新的境外企业时，无须办理外汇备案手续。

第四，取消了直接投资外汇年检。改为实行境内直接投资和境外直接投资存量权益登记。放宽登记时间，允许企业通过多种渠道报送相关数据。

②关于资本金意愿结汇

第一，外商投资企业外汇资本金实行意愿结汇管理，企业可自由选择资本金结汇时机。

第二，明确外商投资企业资本金及其结汇资金的使用应符合外汇管理相关规定，对资本金使用实施负面清单管理。

第三，便利外商投资企业以结汇所得人民币资金开展境内股权投资。

第四，进一步规范结汇资金的支付管理，明确银行按照"展业三原则"承担真实性审核义务。

第五，明确和简化其他直接投资项下外汇账户资金结汇及使用管理。

③关于跨境电子商务

为积极支持跨境电子商务发展，防范互联网渠道外汇支付风险，2013年以来，国家外管局在上海、北京、重庆、浙江、深圳 5 个地区开展支付机构跨境电子商务外汇支付业务试点，试点情况良好。在此基础上，2015 年国家外管局发布《国家外汇管理局关于开展支付机构跨境外汇支付业务试点的通知》，在全国范围内开展部分支付机构跨境外汇支付业务试点，允许支付机构为跨境电子商务交易双方提供外汇资金收付及结售汇业务，主要内容包括：一是提高单笔业务限额，网络购物单笔交易限额由等值 1 万美元提高至 5 万美元，放宽对支付机构开立外汇备付金账户户数的限制；二是规范试点流程，支付机构要取得试点资格，应先行到注册地外管局办理"贸易外汇收支企业"登记；三是严格风险管理，要求支付机构严格履行交易真实性审核职责，留存相关信息 5 年备查，并及时准确报送相关业务数据和信息。

（3）河南省银监局

借鉴四省市自贸区实施方案金融方面内容，在河南省自贸区申建得到国务院相关批复后，河南省银监局作为银行业监管部门，可借鉴其他自贸区经验结合河南省实际，从以下几个方面入手加快自贸区银行业改革发展。一是支持银行业入区发展。二是支持区内设立非银行业金融公司。三是支持民间资本进入区内银行业。四是支持区内银行业机构开展跨境融资业务和跨境投资金融服务。五是支持区内开展离岸金融业务。在完善相关管理办法，加强有效监管的前提下，允许自贸区区内符合条件的中资银行开办离岸业务。六是适当简化准入程序方式。

（4）河南省证监局

一是引导区域性股权交易市场不断创新业务范围和品种，以区域性股权交易市场为基础建设综合性金融服务平台。

二是支持在区内设立私募投资资金。

三是支持境内外期货交易所在区内设立期货交易库，探索开展期货保税交割、仓单质押等业务。

四是探索证券期货业对符合条件的民营资本和外资金融机构全面开放，支持在区内新设证券期货经营机构和合资证券期货经营机构。逐步扩大区内合资证券公司的业务范围。支持区内证券期货经营机构设立、收购、参股境外证券期货经营机构，或通过境外分支机构探索开展境外业务。

五是支持符合条件的区内机构和个人按照规定在境内外证券期货市场进行投资。逐步允许境外机构和个人参与商品期货交易。

六是鼓励区内企业利用股票、债券、存托凭证等工具在境外市场融资。

七是建立负面清单管理模式，鼓励证券期货经营机构进行管理创新、业务创新和产品创新。支持证券期货经营机构在区内发展柜台业务。

八是强化监管协作和信息共享，探索综合监管体制，加强金融审慎管理，完善系统性、区域性风险防控和预警体系，加强对重大风险的识别和防范。

九是支持将投资者教育和金融法治教育纳入国民教育体系。

十是探索投资者专业调解、仲裁、和解等纠纷解决机制与司法进行有效对接，建立投资者合法权益保护协作机制，加大投资者维权支持力度。

（5）河南省保监局

结合国家已批复的上海、福建、天津、广东 4 个地区的自贸区方案，结合河南省情和保险业情，保险业的主要政策诉求和意见建议为：积极发展以金融、商务创新为主的现代服务业；大力发展航运金融业和航运保险业，鼓励境内外航运保险公司和保险经纪公司等航运服务中介机构设立营业机构并开展业务；充分发挥保险资金体量大、投资期限长、融资成本低的优势，支持各保险机构通过项目投资、股权投资、债权投资等形式，为区内重大基础设施提供长期稳定资金支持；支持保险资金参与与河南自贸区相关的产业投资基金的发起设立；支持开展人民币跨境再保险业务，培育发展再保险市场；支持符合条件的外资保险公司到自贸区设立经营机构。

（二）贸易自由化、便利化方面

1. 综合试验内容与创新举措

（1）关于贸易转型升级

一是建立小批量报清关系统和企业信用通关系统，实现海关与税汇系统互通，测试开放境外邮政交换局以提高电商邮包产品的出口效率。

二是开通出口电商邮包专线，获得电商产品在海外邮政系统的优先级，开放境外邮政交换并允许外国邮政产品走邮关。

三是放宽农业流通领域外资准入范围，允许中外合资或外商独资的农产品流通市场和流通专业服务。

（2）关于监管便利化

一是复制上海自贸区经验，推动海关系统与税务、外汇系统互通，实现郑州航空港、国际陆港、各类商品口岸与保税仓之间的通畅衔接。

二是率先建立河南本地各海关监管区之间的区域大通关，做到一次通关、一次查验、一次放行；与腹地海关做到互通互认，简化空陆联运等地面集散体系以及通关流程。

三是实行国际贸易"单一窗口"，重点简化通关流程、避免多头监管，多次报关、报检；通过电子信息平台打通多部门信息实时共享。

四是建立小批量报清关系统和企业信用通关系统实现海关与税汇系统互通、测试开放境外邮政交换局以提高电商邮包产品的出口效率。

五是推动工业物流和维修便利化，建立制造业企业 AEO 制度体系，按信用评级安排通关优先级。

六是允许综保区尝试赋予区内企业一般纳税人资格，进行国内贸易的国外零部件入区实行"一线放开"，提高货物入区时效。

（3）关于税收配套问题

一是推动出口电商适用合理税收制度和获得阳光结汇渠道。

二是赋予综保区加工产品内销"选择性征税"政策，企业自主选择加工产品内销按原材料缴税或按成品缴税，允许内销货物返区维修，不征收维修后货物入关关税。

三是将区内注册的融资租赁企业或金融租赁公司在区内设立的项目子公司纳入融资租赁出口退税试点范围；区内企业内销产品实行比照成品或原材料的选择性关税政策；国内零部件入区实现快速清关和出口退税；区内生产企业和生产性服务企业进口所需的机器、设备等货物予以免税（生活性服务企业进口货物以及法律、行政法规明确规定不予免税的货物除外）。

四是调整相关税收规定，推动贸易多元化试点税收办法的实施，将出口加工区北片区（A 区＋保税物流中心）作为贸易功能区，开展贸易、物流和流通性简单加工等业务，并实行贸易园区税收政策。

2. 分部门试验内容与创新举措

（1）河南电子口岸平台

借鉴上海、深圳、苏州等地的先进经验，委托具有综合甲级资质的中机六院等单位，结合河南省实际情况对河南电子口岸平台进行规划设计。河南电子口岸平台项目（一期）包含六大类功能应用，涵盖 21 个应用子系统及 269 项交换数据内容。相比国内其他已经建成的电子口岸平台，河南电子口岸平台的涉及面更广，符合河南省口岸的业务特点。

通过河南电子口岸平台的建设，建立连接口岸执法单位、进出口管理部门、口岸生产单位及沿海主要口岸的数据交换和协同作业平台，实现对全省进出口企业、生产制造园区、物流基地的通关流程全覆盖，形成网络化协同监管模式和大通关"一站式"服务体系，这样可以有效提高进出口申报、监管、审批的效率，缩短通关时间，改善投资环境，强化区域经济竞争力。

通过河南电子口岸平台，实现企业申报信息的电子化，避免重复申报，企业申报录入项将由原来的 169 项减少到 92 项，录入工作量减少 45.56%。通过河南电子口岸平台与 16 家单位的数据互联互通，各部门实现联动，企业申报效率提升 25%。以郑州新郑机场口岸进口货物通关时间统计，河南电子口岸平台上线运行后，平均通关时间可从原来的 21 小时缩短为 10 小时，通关效率提高了 52.38%。

河南电子口岸平台在规模、应用系统功能、建设技术水平上均处于全国领先地位，上线后将为河南省开放型经济发展提供重要支撑，做出重要贡献。

（2）出入境检验检疫局

河南已经在特殊监管区内实施进口货物预检验制度，即检验检疫机构根据在区内仓储货物的货主或其代理人的申请，对区内拟进口的法检货物预先实施检验，当货物实际出区进口时检验检疫机构不再实施检验，凭"预检验核销单"进行分批核销放行。"这项制度最大的作用是可以提高货物出区进口时的通关速度。"预检验的工作流程是"预检验、报检、放行"，把检验环节提前到报检之前，货物实际出区进口时可以实现"即报即放"。

河南出入境检验检疫局已推广上海自贸区的 8 项检验检疫制度。河南检验检疫局已经全面推广复制"检验检疫通关无纸化、采信第三方检验结果、便利全球维修产业监管、出入境生物材料制品实施风险管理制度、签发中转货物产地来源证、特殊监管区进口货物实施预检验检疫制度、特殊监管区实施检验检疫分线监督管理模式"7 项制度，并以正式文件下发通知实行。

（3）郑州海关

自国务院发文明确要在全国范围或海关特殊监管区推广 28 项上海自贸区可复制改革试点经验后，就有天津、广东、福建、陕西、甘肃、河南、安徽、四川、湖南、山东、江西等省份印发通知向上海学习。其中，上海自贸区的14项贸易便利化措施已有9项在郑州航空港经济综合试验区得到复制推广，如"批次进出集中申报、保税展示交易、区内自行运输、加工贸易工单式核销、境内外维修、统一备案清单、简化通关随附单证、集中汇总纳税、保税物流联网监管"。通关一体化系统于2015年1月27日正式上线运行，作为通关一体化重要组成部分的智能化卡口验放已经推广实施。郑州海关还结合总署取消部分行政审批事项的要求，结合关区的实际情况，下放了一批审批权限，简化了审批流程，大大提高了企业的办事效率。

郑州海关肩负落实期货保税交割海关监管制度、融资租赁海关监管制度、境内外维修海关监管制度3项改革的任务。目前期货保税交割海关监管制度、融资租赁海关监管制度两项条件已经成熟。不过，鉴于河南省目前还没有具有资质的企业，所以还未开展业务，但这两项制度的存在将推动期货交易、融资租赁等企业从无到有，如"修苹果手机，以前都要交给经销商，有了这项创新之后，很大一部分的苹果维修在郑州维修基地就可以完成"。境内外维修海关监管制度带来的利好更加接地气，这项制度已经得到推广，效果很不错。不仅新郑综保区、郑州进出口加工区都可以享受这项通关便利，将来省内的海关监管区域也可以复制。这将推动河南特别是郑州航空港完善全球电子信息产业的维修、零部件加工、售后服务等链条，助推郑州向全球基地发展。

（4）河南省邮政管理局

一是加大自由贸易区内商品分拨中心的建设力度，并实现快递分拨中心、仓配一体化建设，以及跨境电子商务综合园区与快递物流产业园等基础服务设施的综合规划、协同建设，以进一步提升贸易便利化。

二是进一步落实各项政策措施，为邮政、快递企业进驻园区并提供境内外邮件的快速通关、集疏发运创造条件。

四　推进河南贸易自由化、便利化的制度创新与政策安排

（一）加快贸易便利化制度建设

河南申建自贸区并实现贸易便利化应以相关制度建设为核心，建立高

效的边境管理制度。除了正在建设的单一窗口合作机制外，还应该包括以下几方面。

（1）单一联系点制度。应由商务部门、财政部门、海关口岸管理部门协调，联合建立一个跨部门的代理机构，作为河南自贸区贸易法规和其他贸易便利化措施方面的唯一联系点。

（2）提前放行制度。规定只要货物符合海关要求，并且交易企业提供计税所需基本信息，海关即可尽快放行，将通关和放行分离。

（3）海关复议制度。由专门的行政复议法院管辖，建立专门的海关复议机制，包括河南地方复议会和国家复议委员会，从而更加高效和及时地处理存在争议的问题。

（4）风险管理制度。风险管理在提高效率、便利海关执行以及实施其他贸易便利化措施方面具有重要作用，例如，实施提前审单和预归类的数据预存和处理制度；将放行与办理通关的货物分离或将享受特殊程序待遇企业与其他企业进行分类管理。

（二）建立合理的原产地规则

原产地规则的严格程度直接决定了自贸区的实施效果。河南申建自贸区应推行预裁定机制、降低企业的签证成本、拓宽企业获得信息的渠道、增加签证方式、实行认证经营商的原产地声明制度，鼓励其参与园区贸易并获得优惠。

（1）推行预裁定机制。原产地管理可以实施预确定，这种机制与商品归类的"预确定机制"有相似效果，可以将管理前移，提高企业申报的便利度。

（2）降低企业的签证成本。为鼓励企业利用原产地规则，应考虑暂免或降低部分费用，同时应公开注册费、工本费、网络维护费等所有有关签证的费用。

（3）拓宽企业获取信息的渠道。有关部门应提供培训服务并积极支持社会机构提供培训服务，利用网络公开发布优惠信息，制作并出版免费的普及读物。

（4）增加签证方式。由社会机构补充政府机构发证，既可打破垄断，又可提高效率，同时还可以推动并鼓励企业通过"贸促会"办理签证。

（三）以供应链为导向制定口岸工作流程

（1）海关可以与行业协会及企业代表联合拟定供应链的安全指南，以便企业对照进行自我评估。对通过供应链安全指南评估的企业，海关可授予其"伙伴企业"资格，除提供信息、商誉、沟通等方面的便利外，还应保障其货物快速通关，减少被查验次数。

（2）确立以供应链安全与便利为导向的工作模式。现行海关的工作流程虽然也包括供应链安全与便利的内容，但并未以供应链的安全与便利为导向。建议以供应链为切入点，优化海关的申报、归类、估价、纳税、放行等工作流程，打破条块分割，实现供应链监管的无障碍化，打破关区壁垒，按照供应链自身流向实施无障碍监管。

（四）建立无纸贸易平台，提供贸易流通服务

河南申建自贸区需要实现区域内的跨境信息共享，应加强与国内的增值网络服务供应商、公共服务部门，以及国外的相关机构和国际组织在无纸贸易能力建设方面的经验交流，如技术、法律、社会和环境等。应为无纸贸易的发展指明方向，将单一窗口系统作为实现无纸贸易的基础。无纸贸易应由政府主推，强调私人和公共服务合作伙伴间的合作，进而提高效率并建立长期的无纸贸易发展机制，建立信息集成的无纸贸易平台，提供贸易流通、国际货物清关和港口管理整合等服务，建立国家单一窗口，促进单一窗口模式的实现。

（五）制定流畅标准的程序提高商务流动性

河南申建自贸区可以针对公司内部商务流动制定或实施专门的措施，改善签证或审查要求，参与商务旅行卡（ABTC）计划。目前较为成功的促进国际商务流动的措施包括：增加短期签证豁免数量，为投资者提供居住许可，缩短处理商务和工作签证的时间，在机场中为 ABTC 持有者和投资者设置单独通道，提高主导贸易和投资活动的商务人员的流动。

给予短期商务访问者商务旅行卡和/或签证豁免安排，或至少 3 年多次入境签证，这些商务访问者包括商务谈判人员、投资者及参加商业会议、研讨或工作组的人员。为临时居住申请引入电子呈报服务安排，引入先进的旅客信息系统，预先给予旅客许可以确保其到达时更快捷地通关，为短期居留和临时居住商务签证提供全面的信息和申请表格，等等。

（六）构建跨境电子商务海关监管体系

（1）整合资源，形成信息共享平台。通过对国内外数据交换的监控，确保国际贸易环节的合法性，实现国际贸易协同平台的整合，建立合作共赢的集中数据库和统一的数据交换出口。国际贸易平台的整合实际上是企业协同作业数据交换平台、政府监管数据交换平台、银行单证交换平台和物流单证交换平台的整合。

（2）创新海关监管模式，推进跨境电子商务示范工程。跨境快件、邮件数量的快速增长对海关监管工作提出新的挑战。河南海关应在现有综合监管体系下，做好实际货物的监管查验，以确保经济安全。依托电子口岸建设机制和平台优势，优化创新海关监管模式，通过工作试点制定跨境电子商务涉及的通关、结汇和退税等方面管理办法及标准规范；扎实推进跨境电子商务示范过程，认定跨境电子商务示范企业，创建跨境电子商务示范基地，以公共服务的方式支撑和保障跨境电子商务市场规范、高效运行。

（七）大力开发国际离岸贸易

离岸贸易就是外国与外国在河南的贸易，河南要成为世界贸易的大平台就是要吸引世界各国的客商、公司在河南的平台上做生意。通过发展离岸贸易可以吸引海外贸易主体集聚河南，提升河南国际贸易平台的国际化程度；有利于河南做大商流，扩大河南商流总量及其在全球的占比；在离岸贸易商流增加的同时争取将货币流留在河南，有利于河南中部金融中心的建设；离岸贸易的海外主体大量使用河南劳动力，有利于河南劳动就业的增加和服务业的发展。

（八）建立区域电子商务协同工程

2013 年 8 月，国务院下发《关于实施支持跨境电子商务零售出口有关政策的意见》，明确要求从 2013 年 10 月 1 日起实施，先在已开展跨境贸易电子商务通关服务试点的上海、重庆、杭州、宁波、郑州 5 个城市试行上述政策。河南申建自贸区应建立区域间的电子商务协同工程，建立一个开放、安全的第三方电子贸易服务平台，使国际采购、物流和电子金融服务实现通信互联，并促进贸易单证跨平台协同的建立，包括以物流单证为核心的行业协同和以订单为核心的跨区域协同。在此基础上，进一步促进贸易单证的标准化，并在标准化基础上实现电子化。在业务保证上，制定一整套电子贸易规则与流程。在环境保障上，提供电子贸易的技术、安全、法律保证。随着信息网络技术的进一步发展，其在企业中的应用领域也发生了转移，从单纯关注交易环节向关注网络环境下的商务主体（企业）和商务活动过程转移，而商务活动的全过程涉及许多区域和方面之间的协同运作，包括整个供应链及其与相关环节之间的协同。

（九）提高政策透明度，保证跨境贸易环境的公平

河南申建自贸区应建立自己的网站，并通过网络和媒体发布有关法律、法规、政策和重要信息，从而提高政策透明度。制定政策措施后，做到真正放权，让市场和企业来解决问题。另外，应注意加强有关政府网站信息的实时更新，及时将有关政策法规翻译成英语和其他语言，以方便贸易伙伴阅读和理解。同时，进一步提高与跨境电子商务相关的执法或行政处理过程的透明度，以保证跨境贸易环境的公平。在政策制定过程中，各项制度的出台要同国际接轨，在金融、航运、商贸、专业服务等行业政策制定上充分对接跨太平洋伙伴关系协定（TPP）、跨大西洋贸易与投资伙伴协定（TTIP）等国际协议，以利于更好地融入国际贸易体系。

（十）建立贸易自由化服务机构和研究机构

河南申建自贸区应建立贸易自由化咨询统一平台，如由政府机构、行业组织和有影响力的企业共同成立贸易自由化服务中心，并建立政府与企业定期会晤制度，以便及时了解贸易自由化对企业的影响，向企业提供政策咨询服务，帮助企业逐步开拓海外市场，增强企业在国际市场上的竞争力。另外，可建立贸易自由化研究机构，随着贸易环境的改变，贸易自由化的政策、措施需要日益完善和优化。因此，必须重视有关贸易自由化的研究工作，探索建立实施贸易自由化各环节的有效途径以及与之相关的法律体系，形成针对贸易自由化水平的评估指标和相关机制。

（十一）积极争取国家部委在贸易便利化政策上的支持

（1）与郑州海关和海关总署加强持续沟通，尽快建立符合郑州口岸特点的跨境电商通关办法，提高郑州邮政口岸的权限。

（2）就跨境物流和电商的通关、税务、外汇问题加强与海关总署、税务总局和国家外管局三方的同步沟通，尽快在郑州形成适合跨境电商特点的一体化监管体系。

（3）与海关总署和各腹地海关沟通，尽快实现郑州铁路枢纽、无水港枢纽、航空枢纽与各地的一体化大通关；与河南各口岸海关加强沟通，将河南的电子口岸大通关落实到运营层面。

（4）与郑州海关加强沟通，尽快提出落实"一线放开"监管制度的方案。

（5）对接相关部委，积极争取在郑州国际区域内设立我国第一个陆港型保税港区。

五 推进投资便利化的制度创新与政策安排

（一）项目管理便利化

（1）无差别国民待遇。实施公平、合理的企业准入制度，对区内企业实行无差别国民待遇。一定范围的投资审批事项，对投资者的权利和需承担的法定义务，不分国籍和地区做到一视同仁。对申请入区的企业减少在所有制形式、资金规模、股份、国籍等方面的限制，真正推行准入前国民待遇。

（2）便利的审批管理。转变管理模式，推行与国际惯例、规则相符的审批制度，由当前注重事前审批向注重事中、事后监管转变。放松管制，减少并明确项目行政审批范围和事项，除少数项目需要依法实行审批管理和根据国家产业政策实行核准外，其他项目尽可能实行备案和形式审查，并进一步简化审批程序，缩短审批期限，提高审批效率。

（3）优质的一站式服务。建立一个窗口受理、内部衔接、首问负责模式，推行一站式服务，并给予相关主体更多的自由裁量权和现场直接决定权。设置单一窗口或特别咨询处，满足投资申请和投资政策查询的需要。简化投资者通关、签证、申请入境工作的签证手续。实施动态全程跟踪服务，建立与投资者的全程式沟通反馈机制。

（4）高效的数字化审批。充分利用现有的高新技术，实行信息"网上公开—网上申报—并联审批—信息网络化传递—动态监控"模式，精简审批流程，推行并联审批，实施电子政务，建构一个"虚拟政府"，切实提高审批效率。

（二）工商登记便利化

（1）建立与国际接轨的登记制度。推行商事主体登记模式，取消经营范围登记事项，实行注册资本认缴登记制度；建立商事主体除名制度和商事主体年报备案制度；将"先证后照"改为"先照后证"；推行营业执照、组织机构代码证、税务登记证"一表登记，三证合一"的登记制度；探索股权投资公司制企业变更为合伙制企业的登记办法；探索符合国际惯例、行业标准的名称和经营范围表述规则。

（2）简化注册登记手续。坚持便捷高效原则，提升服务水平和管理质量。实行住所与经营场所各自独立的登记方式，放宽住所（经营场所）登记条件，允许"一址多照"和"一照多址"；研究制定设立非银行系融资租赁企业的工商注册登记办法，支持和规范融资租赁企业发展；建立电子营业执照制度，全面实行网上登记、网上年检，实施无纸化年检和差别化年检措施，对重点企业实行集中年检、上门年检，开辟绿色通道。

（3）减少登记事项。除涉及国家安全、公民生命财产安全的行业和领域外，一律放开经营，经营者可以自主选择经营项目，只登记和记载与商事主体资格相关的必要法律事项，如名称、住所、法定代表人（负责人）姓名、主营业务类别、成立日期等。

（三）金融服务便利化

（1）放宽金融管制。发挥金融创新领域先行先试的优势，实行更加开放的金融政策，推进利率市场化等方面的改革。进一步扩大对外开放，建立与自贸区运行相适应的外汇管理体制，实行完全自由的外汇制度，放开对经常项目的管制。外国的投资者可以将国际通用的货币（包括黄金）带到区内，区内开放自由汇兑交易。在监管方面，"只监测、不限制"，以事中和事后监督为主，主要关注收付汇活动异常的企业，只在企业有违规操作嫌疑时，外汇管理机构才介入并进行直接审核。

（2）推行离岸金融。借鉴其他国家和地区的成功做法和先进经验，增强有利于推进自由贸易区建设和促进中原经济发展的金融服务功能。发展离岸金融银行，积极吸引离岸金融机构和作为国际投资者与筹资者的离岸客户参与区内金融活动，吸收非居民的资金，开展境外融资、资金支付、证券基金等离岸业务，实现跨境融资自由化。通过富有竞争力的税收政策，对离岸金融业务实行较低的税率并给予较多的税前扣除，提升国际知名度和影响力，吸引国内外的知名金融机构进驻并经营离岸金融业务。按照内外分离的经营模式，要求银行建立严格的分账制度，将离岸业务与国内业务、在岸业务区分开。逐步形成以政府主管机构、国内外金融组织机构、社会监督第三方（会计事务所等）为主的离岸金融监督管理架构。

（3）支持多种投资保险。在自由贸易区内采取相应的鼓励性措施吸引对外投资保险机构，鼓励保险机构根据市场发展需求开设并提供相对丰富的对外投资保险等险种，提供便利的投资保险服务，如在原有险种基础上开办外汇险等，形成完整的对外投资保险险种体系，满足不同投资主体的保险需求。制定适合的保险费率，扩大承保额度，满足投资企业的保障需求。

（4）灵活实施项目融资。政府依托银行的大项目打包融资，由国家开发银行或其他大银行牵头以低息贷款的方式实现；放开对民间资本投融资行业领域的限制。实行产业链融资和信用一体化措施，探索推行大项目为配套小项目做隐性担保等做法，对围绕大项目的配套小项目允许按大项目融资条件向银行取得融资。改变政策设计，试行国内国外产业联动融资，出台针对国外的河南民间资本的外商投资保护条例，解除此类民间资本投资进出的政策法规限制。

（四）推进行政审批制度改革

（1）建立"一口管理"的审批机制。深化行政审批制度改革，设立并联审批综合窗口，实行"一口受理、综合办理、高效运作"的服务模式。打造一站式政务平台，在区内扩大"两集中、两到位"的一站式审批参与部门范围，加快信息化联网建设，提供高效、便捷的一站式政务体验；继续推广"三证一章"一站式企业注册服务，实现"一口受理、一次审批"，加快信息化建设，提高政务效率；试点将审批权限下放到相关部门，减少行政申报成本。同时，增加监控测评环节，及时统计分析审批部门工作情况。

（2）推行负面清单管理。进一步发挥市场配置资源功能，创新管理模式，实行负面清单管理。降低准入门槛，取消对投资者的资质要求、股权比例门槛、经营范围设定等限制性措施。在投资产业指导目录中，只列出禁止类领域及项目，禁止之外的领域和项目对内外资全面放开。同时明确告知限制或禁止外商活动的相关领域和行业，未列入负面清单的领域及项目都属于"法无禁止皆可为"的范围。

（3）实行更加开放的投资政策。除区内事关国家安全、重大发展战略等极少数行业需依法加强管制外，其他领域的直接投资实行完全开放政策，主要依靠市场机制进行调节。对现有外商投资管理制度进行符合国际惯例的改革，扩大外商直接投资领域，放松直接投资管制，对负面清单之外的领域，按照内外资一致的原则对外商投资项目实行备案管理。

（五）优化投资服务环境

（1）打造良好的基础设施环境。高起点规划、高标准建设基础设施、生产配套设施和生活服务设施，努力打造功能齐备、满足需求、环境优美的园区硬环境，强力提升园区在生产、生活和生态方面的基础承载能力。

（2）创造优质的公共服务环境。建立信息共享和服务平台，创新公共服务方式；注重公平，加强社会信用体系建设；探索建立综合执法体系，创造优质的法律保障环境；加快推动河南国际人才创新实验区建设，创造最佳的人才聚集环境，促进高端人才集聚。

（3）营造更加优惠的政策环境。实行优惠的税收政策，经国家同意后，对区内符合条件的企业减按 15% 的税率征收企业所得税。实施高效的要素（用地、用人、资金等）保障政策。建立富有吸引力的招才引智政策，对在区内工作、符合园区规划产业发展需要的境外高端人才和紧缺人才，免征个人所得税。

（六）优化与投资便利化相关的制度安排

（1）借鉴国际先进经验。按照"规范、确需、简化"的原则，重点围绕投资管理、贸易监管、金融服务和综合监管等方面创新优化制度设计，实施审批管理再造，推进投资便利化。

（2）调整相关法律法规。梳理现有各层面的法律、法规，找出现行不适应投资便利化的制度条文，通过法律途径进行有针对性的调整、完善、补充、取消，消除法律层面存在的制度障碍。同时，要积极争取地方政府在园区管理方面的立法权，在国家有关法律规定的基础上，从细则制定上完善有关自贸区的法律制度，形成法律、规章、规定等协调配合的法律体系，为园区推行投资便利化提供良好的法律环境。

与上位改革政策同步立法，确保已在国家、省级颁布的改革新规在园区快速复制，缩短改革信息传导的生态链。加强和国家发改委、商务部等部门的沟通衔接，就扩大投资开放的各个领域进行沟通，对试点当中出现的法律制度问题及时进行汇报沟通。加强与国务院法制办的沟通衔接，加快明确从国家授权停止执行相关法规到地方立法形成《试验区管理条例》过渡期间的法制安排。

（3）完善制度保障体系。法律规范重点是明确原则性问题，推进落实投资便利化政策还需要统筹设计和研究安排一系列能使相关法律精神得到良好体现且在管理实践中能高效运行和操作的制度体系。结合深化行政体制改革，重点要建立投资项目公示制度，完善招投标制度以及监管机制和责任追究制度，切实形成适应自贸区运行需求的制度环境。

（七）建立健全与投资便利化相关的体制机制

（1）推行大部制改革。形成行政组织层次少、信息传递速度快、运作灵活高效和具有高度适应性的组织结构形式，最大限度地避免职能交叉、政出多门、多头管理，实现综合高效的大部制行政管理机制。

（2）建立高效的政企对话机制。建立政府与投资方的对话机制，定期组织政企对话会，围绕政府的政策与要求、企业的需求和建议，共同构建互动的信息传导网络。

（3）建立争端解决机制。以平等、迅速、有效、双方接受为原则，由政府组成联合指导委员会，监督、指导争端解决机制的执行，主要方式包括磋商、调解、调停和仲裁。

（4）建立决策评估和监督机制。对投资决策制定和执行效果进行客观公正的评估，正确反馈和运用评估结果，整体把握投资决策评估过程。建立投资决策追责制，严格执行政府投资决策规则和程序，实现监督权、投资权、处罚权分离，提高政策评估的质量和效率。

参考文献：

[1]《国务院办公厅关于加强电子口岸建设的通知》（国办发〔2006〕36号）。

[2]《国务院办公厅关于印发自由贸易试验区外商投资准入特别管理措施（负面清单）

的通知》（国办发〔2015〕23 号）。

[3]《国务院关于印发进一步深化中国（上海）自由贸易试验区改革开放方案的通知》
（国发〔2015〕21 号）。

[4]《河南省申建自贸区材料汇编》。

[5]《商务部研究院来豫调研系列会议材料汇编》。

[6]《河南自贸试验区申建相关政策研究梳理资料汇编》。

[7]《中国（上海）自由贸易试验区管理办法》。

[8]《中国（天津）自由贸易试验区管理办法》。

[9]《中国（福建）自由贸易试验区管理办法》。

[10]《中国（广州）自由贸易试验区管理办法》。

[11]《天津检验检疫局关于在天津自由贸易试验区推出首批 12 项检验制度的公告》。

[12] 曾铮、周茜：《贸易便利化测评体系及对我国出口的影响》，《国际经贸探索》
2008 年第 10 期，第 32～37 页。

[13] 邹德君：《论如何推动电子口岸政务项目和物流商务项目的协调发展》，《中国电
子口岸》2011 年第 5 期，第 24～27 页。

[14]《电子口岸发展"十二五"规划》（国办发〔2012〕41 号）。

[15] 佟家栋、李连庆：《贸易政策透明度与贸易便利化影响》，《南开经济研究》2014
年第 4 期，第 22～24 页。

[16] 刘重力：《APEC 贸易便利化问题研究》，南开大学出版社，2012，第 8～9 页。

[17] 薛敬孝、李坤望：《WTO 新议题对 APEC 贸易投资自由化、便利化的影响》，南开
大学出版社，2009，第 11～13 页。

[18] 王中美：《全球贸易便利化的评估研究与趋势分析》，《世界经济研究》2014 年第
3 期，第 21～25 页。

[19] 李文韬：《APEC 贸易投资便利化合作进展评估与中国的策略选择》，《亚太经济》
2011 年第 4 期，第 9～13 页。

附表 1　上海自贸区贸易便利化创新举措清单

序号	海关贸易便利化创新举措	序号	检验检疫局贸易便利化创新举措
1	区内自行运输制度	1	检验检疫通关无纸化
2	加工贸易工单式核销制度	2	采信第三方检验结果
3	保税展示交易制度	3	便利全球维修产业监管
4	境内外维修制度	4	出入境生物材料制品实施风险管理制度

续表

序号	海关贸易便利化创新举措	序号	检验检疫局贸易便利化创新举措
5	期货保税交割制度	5	签发中转货物产地来源证
6	融资租赁制度	6	特殊监管区进口货物实施预检验检疫制度
7	简化通关作业随附单证	7	特殊监管区实施检验检疫分线监督管理模式
8	统一备案清单	8	全球维修产业监管
9	内销选择性征税制度	9	"十检十放"分类监管模式
10	集中汇总纳税制度	10	先进区、后报检
11	保税物流联网监管制度	11	对上海自贸区内进口文化艺术品（限艺术品整体或部分属于CCC目录产品）给予无须办理CCC认证的特殊监管措施
12	智能化卡口验放管理制度等	12	构建符合跨境电子商务发展的体制机制
13	批次进出、集中申报制度	13	建立跨境电子商务清单管理制度
14	先进区、后报关制度	14	构建跨境电子商务风险监控体系和质量追溯体系
		15	入境维修再利用企业备案申请
		16	动植物源性食品检疫许可企业的备案
		17	入出境特殊物品的企业备案
		18	进出口商品检验鉴定机构申请许可

附表2 上海自贸区投资便利化创新举措清单

序号	投资便利化创新举措
1	下放外商投资审批权限，将外商投资商业企业设立及变更事项下放到各市、省直管县（市）和省级开发区
2	改进外商投资审核备案方式，外商投资宏观调控和产能过剩行业备案由纸质备案改为电子备案，外商投资房地产备案由纸质备案改为电子备案和月度抽查、季度复查相结合
3	开展外商投资快速审批试点，对投资总额3000万美元以下鼓励类和允许类项目的设立、增资、股权变更、经营范围变更，实行告知承诺、要件审核和快速审批
4	创新开发区外资审批模式，鼓励开发区建立部门协同机制，实行一口受理、并联审批模式，建立完善在线审批平台
5	拓展对外开放领域，推动融资租赁和小额贷款公司规模化发展，商业保理、医疗服务等服务业利用外资取得实质性突破

续表

序号	投资便利化创新举措
6	强化外商投资服务，公开各级商务主管部门外资审批权限清单和审核要求，发布外商投资合同和章程示范文本，各级商务主管部门主动向外商和企业提供政策和业务咨询
7	允许全国性中资商业银行、政策性银行、上海本地银行在区内新设分行或专营机构。允许将区内现有银行网点升格为分行或支行。在区内增设或升格的银行分支机构不受年度新增网点计划限制
8	支持区内符合条件的大型企业集团设立企业集团财务公司；支持符合条件的发起人在区内申设汽车金融公司、消费金融公司；支持上海辖内信托公司迁址区内发展；支持全国性金融资产管理公司在区内设立分公司；支持金融租赁公司在区内设立专业子公司
9	允许符合条件的外资银行在区内设立子行、分行、专营机构和中外合资银行。允许区内外资银行的支行升格为分行。研究推进适当缩短区内外资银行代表处升格为分行以及外资银行分行从事人民币业务的年限要求
10	支持符合条件的民营资本在区内设立自担风险的民营银行、金融租赁公司和消费金融公司等金融机构。支持符合条件的民营资本参股与中、外资金融机构在区内设立中外合资银行
11	支持区内银行业金融机构发展跨境融资业务，包括但不限于大宗商品贸易融资、全供应链贸易融资、离岸船舶融资、现代服务业金融支持、外保内贷、商业票据等。支持区内银行业金融机构推进跨境投资金融服务，包括但不限于跨境并购贷款和项目贷款、内保外贷、跨境资产管理和财富管理业务、房地产信托投资基金等
12	允许符合条件的中资银行在区内开展离岸银行业务
13	将区内银行分行级以下（不含分行）的机构、高管和部分业务准入事项由事前审批改为事后报告。设立区内银行业准入事项绿色快速通道，建立准入事项限时办理制度，提高准入效率
14	支持探索建立符合区内银行业实际的相对独立的银行业监管体制，贴近市场提供监管服务，有效防控风险。建立健全区内银行业特色监测报表体系，探索完善符合区内银行业风险特征的监控指标。优化调整存贷比、流动性等指标的计算口径和监管要求
15	支持支付机构开展跨境人民币支付业务
16	放开小额外币存款利率上限
17	支持自贸区内符合一定条件的单位和个人按照规定双向投资境内外证券期货市场
18	区内企业的境外母公司可按规定在境内市场发行人民币债券。根据市场需要，探索在区内开展国际金融资产交易
19	支持证券期货经营机构在区内注册成立专业子公司
20	支持区内证券期货经营机构开展面向境内客户的大宗商品和金融衍生品的柜台交易

附表3 天津自贸区贸易便利化创新举措清单

序号	海关贸易便利化创新举措	序号	检验检疫局贸易便利化创新举措
1	保税货物自行运输制度	1	出入境特殊物品卫生检疫制度
2	统一备案清单	2	中转货物原产地证签证制度
3	内销选择性征税制度	3	检验检疫通关无纸化制度
4	集中受理保税仓库和出口监管仓库业务申请事项	4	进境货物预检验制度
5	"批次进出、集中申报"制度	5	检验检疫分线监管制度
6	简化无纸通关随附单证	6	动植物及其产品检疫审批负面清单制度
7	集中汇总征税制度	7	京津冀检验检疫一体化制度
8	多样化涉税担保制度	8	天津口岸直通制度
9	联网原产地证书电子审核制度	9	单一窗口制度
10	融资租赁制度	10	第三方检验结果采信制度
11	期货保税交割制度	11	全球维修产业监管制度
12	保税展示交易制度	12	国际航行船舶电讯检疫制度
13	境内外维修制度		
14	实施认证企业（AEO）优惠措施清单制度		
15	企业信用信息公示制度		
16	取消自贸区报关企业注册登记许可		
17	企业主动披露制度		
18	引入社会中介机构辅助开展保税监管和企业稽查制度		

附表4 天津自贸区投资便利化创新举措清单

序号	投资便利化创新举措
1	推行许可经营项目筹建登记制度
2	对于外商投资准入特别管理措施列表（负面清单）之外的领域，自贸区内企业直接向登记机关申请外商投资企业设立登记，并向商务部门或其授权单位备案
3	自贸区内申请设立外商投资广告企业或外商投资企业申请增加广告经营业务的，取消对投资方主体资格、广告经营业绩的条件限制，取消对投资方成立和运营年限的要求
4	深化工业产品生产许可制度改革

续表

序号	投资便利化创新举措
5	委托自贸区市场和质量监管部门直接受理产品质量检验机构资质审批申请
6	对自贸区内具备相应条件且申请对内部使用的强制检定计量器具开展强检的单位，予以授权
7	委托自贸区特种设备安全监管部门负责特种设备安装、改造、修理等许可事项
8	深化市场主体信用信息公示工作
9	推行新型事中、事后监管方式
10	支持自贸区创新全程追溯产品质量监管新模式
11	创新自贸区质量技术监督执法体制
12	创新压力管道使用登记新模式，由逐条登记改为使用单位登记
13	支持自贸区产业集聚发展
14	支持检验检测机构发展
15	支持自贸区实施标准化战略
16	支持自贸区企业实施商标和品牌战略
17	建立通报咨询服务机制
18	逐步推行电子营业执照和全程电子化登记管理
19	实行营业执照、组织机构代码证和税务登记证"三证合一"登记制度
20	简化外商投资企业主体资格证明。
21	自贸区内外商投资广告企业的项目审批和设立分支机构审批实行备案制

附表5　福建自贸区贸易自由化、便利化创新举措清单

序号	贸易自由化、便利化创新举措	序号	贸易便利化创新举措
1	推动对台货物贸易自由	1	检验检疫通关无纸化
(1)	建立闽台通关合作机制，开展货物通关、贸易统计、原产地证书核查、"经认证的经营者"互认、检验检测认证等方面合作，逐步实现信息互换、监管互认、执法互助。完善自贸区对台小额贸易管理方式	2	检验检测单方面采信境外第三方检验检测认证结果
(2)	支持自贸区发展两岸电子商务，允许符合条件的台商在自贸区内试点设立合资或独资企业，提供在线数据处理与交易处理业务（仅限于经营类电子商务），申请可参照大陆企业同等条件	3	检验检疫分线监督管理

续表

序号	贸易自由化、便利化创新举措	序号	贸易便利化创新举措
（3）	在平潭对台小额商品交易市场内进口原产台湾药品、化妆品、保健食品、医疗器械的审批手续进一步简化，实现快验快放	4	进口货物预检验
（4）	对台小额商品交易市场试行"先放行、后报关"模式	5	出入境特殊物品风险管理
2	促进两岸往来更加便利	6	全球维修产业监管
（1）	推动人员往来便利化，在自贸区实施更加便利的台湾居民入出境政策	7	动植物及其产品检疫审批负面清单管理
（2）	对在自贸区内投资、就业的台湾企业高级管理人员、专家和技术人员，在项目申报、入出境等方面给予便利	8	中转货物产地来源证管理
（3）	为自贸区内台资企业外籍员工办理就业许可手续提供便利，放宽签证、居留许可有效期限。为自贸区内符合条件的外籍员工提供入境、过境、停居留便利	9	推进"单一窗口"建设，简化检验检疫入区申报手续
（4）	自贸区内一般性赴台文化团组审批权下放给福建省	10	跨境电商便捷监管
（5）	加快落实台湾车辆在自贸区与台湾之间便利出入境政策，推动实施两岸机动车辆互通和驾驶证互认，简化临时入境车牌照手续	11	台湾输往自贸区食品、农产品快速验放
（6）	推动厦门—金门和马尾—马祖游艇、帆船出入境简化手续	12	改革和简化产地证签证管理
3	扩大对台服务贸易开放	13	自贸区支持发展大宗商品交易和资源配置平台、跨境电子商务、保税展示交易平台、汽车平行进口、服务外包等新型贸易方式，允许在海关特殊监管区域内开展期货保税交割和境内外维修业务等
（1）	进一步扩大通信、运输、旅游、医疗等行业对台开放，支持自贸区在框架协议下先行试点，加快实施	14	自贸区发展国际船舶运输、国际船舶管理、国际船舶代理等产业，创新国际船舶登记制度
（2）	符合条件的台商投资自贸区内服务行业，对其资质、门槛要求比照大陆企业		

续表

序号	贸易自由化、便利化创新举措	序号	贸易便利化创新举措
（3）	持台湾地区身份证明文件的自然人到自贸区注册成为个体工商户，无须经过外资备案（不包括特许经营，具体营业范围由工商总局会同福建省发布）		
（4）	探索在自贸区内推动两岸社会保险等方面对接，将台胞证号管理纳入公民统一社会信用代码管理范畴，方便台胞办理社会保险、理财业务等		
（5）	探索台湾专业人才在自贸区内行政企事业单位、科研院所等机构任职。深入落实《海峡两岸共同打击犯罪及司法互助协议》，创新合作形式，加强两岸司法合作。发展知识产权服务业，扩大对台知识产权服务，开展两岸知识产权经济发展试点		

附表6　福建自贸区投资便利化创新举措清单

序号	投资便利化创新举措
1	针对新设立企业首创"一表申报"制度
2	福建3个片区已全部将工商营业执照注册号、组织机构代码、税务（国税、地税）登记号3个登记号统一合并为企业社会信用代码
3	取消了商事主体名称预先核准制度
4	自贸区各片区管理机构建立"一口受理"工作机制，设立服务平台，统一接收申请材料，统一送达文书
5	自贸区内投资者可以开展多种形式的境外投资。对一般境外投资项目和设立企业实行备案制。境外投资设立企业和境外投资项目的具体备案办法按照有关规定执行
6	自贸区实行外商投资准入前国民待遇加负面清单管理模式。负面清单之外的领域，按照内外资一致的原则，外商投资项目实行备案制，但国务院规定对国内投资项目保留核准的除外；外商投资企业设立、变更及合同章程审批实行备案管理
7	自贸区试行资本项目限额内可兑换，符合条件的区内机构在限额内自主开展直接投资、并购、债务工具、金融类投资等交易
8	自贸区内设立单独领取牌照的专业金融托管服务机构，允许区内银行和支付机构、托管机构与境外银行、境外支付机构开展跨境支付合作

续表

序号	投资便利化创新举措
9	自贸区推进利率市场化，允许符合条件的金融机构试点发行企业和个人大额可转让存单
10	研究探索自贸区内金融机构（含准金融机构）向境外转让人民币资产、销售人民币理财产品，多渠道探索跨境资金流动
11	在完善相关管理办法，加强有效监管的前提下，允许自贸区内符合条件的中资银行试点开办外币离岸业务
12	支持符合条件的自贸区内机构按照规定双向投资于境内外证券期货市场。在合法合规、风险可控的前提下逐步开展商品场外衍生品交易
13	在自贸区实施促进投资的税收政策，在区内的海关特殊监管区域和平潭片区实施促进贸易的税收政策；自贸区内海关特殊监管区域按照国家规定实施上海自贸区内海关特殊监管区域的税收政策，允许海关特殊监管区域内的企业生产、加工并内销的货物试行选择性征收关税
14	在符合税制改革方向和国际惯例且不造成利润转移和税基侵蚀的前提下，完善适应境外股权投资和离岸业务发展的税收政策
15	建立便捷的税务服务体系，涉税事项由办税服务厅集中办理，试行纳税服务规范化，推行网上办税，提供在线纳税咨询、涉税事项办理情况查询等服务，逐步实现跨区域税务通办
16	在自贸区开展税收征管现代化试点，营造公平竞争的税收环境。自贸区采取更加灵活的税收征管方式，利用信息共享平台，加强税收风险管理，提高税收征管水平
17	在严格执行货物进出口税收政策的前提下，允许在海关特殊监管区域内设立保税展示交易平台。支持自贸区按照规定申请实施境外旅客购物离境退税政策

附表7　广东自贸区贸易便利化创新举措清单

序号	贸易自由化、便利化创新举措
1	进一步扩大对港澳服务业开放
（1）	进一步取消或放宽对港澳投资者资质要求、股比限制、经营范围等方面的准入限制，重点在金融服务、交通航运服务、商贸服务、专业服务、科技服务等领域取得突破
（2）	允许港澳服务提供者在自贸区设立独资国际船舶运输企业，经营国际海上船舶运输服务
（3）	允许港澳服务提供者在自贸区设立自费出国留学中介服务机构。支持在自贸区内设立的港澳资旅行社（各限5家）经营内地居民出国（境）（不包括台湾地区）团队旅游业务
（4）	在自贸区内试行粤港澳认证及相关检测业务互认制度，实行"一次认证、一次检测、三地通行"，适度放开港澳认证机构进入自贸区开展认证检测业务，比照内地认证机构、检查机构和实验室，给予港澳服务提供者在内地设立的合资与独资认证机构、检查机构和实验室同等待遇

续表

序号	贸易自由化、便利化创新举措
（5）	允许港澳服务提供者发展高端医疗服务，开展粤港澳医疗机构转诊合作试点。建设具有粤港澳特色的中医药产业基地
2	促进服务要素便捷流动
（1）	结合国家关于外籍高层次人才认定以及出入境和工作生活待遇政策，研究制定自贸区港澳及外籍高层次人才认定办法，为高层次人才出入境、在华停居留提供便利，在项目申报、创新创业、评价激励、服务保障等方面给予特殊政策
（2）	探索通过特殊机制安排，推进粤港澳服务业人员职业资格互认
（3）	探索在自贸区工作、居住的港澳人士社会保障与港澳有效衔接
（4）	创新粤港澳口岸通关模式，推进建设统一高效、与港澳联动的口岸监管机制，加快推进粤港、粤澳之间信息互换、监管互认、执法互助
（5）	加快实施澳门车辆在横琴与澳门间便利进出政策，制定粤港、粤澳游艇出入境便利化措施
（6）	支持建设自贸区至我国国际通信业务出入口局的直达国际数据专用通道，建设互联互通的信息环境

附表8　广东自贸区投资便利化创新举措清单

序号	投资便利化创新举措
1	探索实行本外币账户管理新模式，在账户设置、账户业务范围、资金划转和流动监测机制方面进行创新
2	探索通过自由贸易账户和其他风险可控的方式，开展跨境投融资创新业务
3	在风险可控前提下，开展以资本项目可兑换为重点的外汇管理改革试点
4	支持自贸区金融机构与港澳地区同业合作开展跨境担保业务
5	允许在自贸区注册的机构在宏观审慎框架下从境外融入本外币资金和在境外发行本外币债券
6	深化外汇管理改革，将直接投资外汇登记下放银行办理，外商直接投资项下外汇资本金可意愿结汇，进一步提高对外放款比
7	提高投融资便利化水平，统一内外资企业外债政策，建立健全外债宏观审慎管理制度
8	区内试行资本项目限额内可兑换，符合条件的区内机构在限额内可自主开展直接投资、并购、债务工具、金融类投资等交易
9	构建个人跨境投资权益保护制度，严格投资者适当性管理
10	建立健全对区内个人投资的资金流动监测预警和风险防范机制
11	深化跨国公司本外币资金集中运营管理改革试点
12	研究探索自贸区与港澳地区及21世纪海上丝绸之路沿线国家按照规定开展符合条件的跨境金融资产交易

续表

序号	投资便利化创新举措
13	按照国家规定设立面向港澳和国际的新型要素交易平台,引入港澳投资者参股自贸区要素交易平台,逐步提高港澳投资者参与自贸区要素平台交易的便利化水平
14	研究设立以碳排放为首个品种的创新型期货交易所

附表9 贸易投资自由化、便利化政策台账

序号	本文提出的贸易投资、自由化便利化政策措施与制度安排	四大自贸区已经实施或规划	四大自贸区尚未实施或规划
一	贸易自由化、便利化		
1	加快贸易便利化制度建设		
	单一联系点制度		√
	提前放行制度	√	
	海关复议制度		√
	风险管理制度		√
2	建立合理的原产地规则		
	推行预裁定机制		√
	降低企业的签证成本	√	
	拓宽企业获取信息的渠道		√
	增加签证方式		√
3	以供应链为导向制定口岸工作流程		
	拟定供应链的安全指南		√
	确立以供应链安全与便利为导向的工作模式		√
4	以单一窗口为基础推行无纸化贸易		√(其他自贸区强调的是检验检疫无纸化)
5	制定流畅标准的程序提高商务流动性		
	实施和促进商务旅行卡(ABTC)计划		√
	为短期商务访问者改善签证或审查要求	√	
6	构建跨境电子商务海关监管体系		
	整合资源,形成信息共享平台		√
	创新海关监管模式,推进跨境电子商务示范工程		√
7	大力开发国际离岸贸易		√
8	实施区域电子商务协同工程		√

续表

序号	本文提出的贸易投资、自由化 便利化政策措施与制度安排	四大自贸区已经 实施或规划	四大自贸区尚未 实施或规划
9	提高政策透明度，保证跨境贸易环境的公平	√	
10	积极争取国家部委在贸易便利化政策上的支持	√	
二	投资自由化、便利化		
1	项目管理便利化		
	无差别国民待遇	√	
	便利的审批管理	√	
	优质的一站式服务	√	
	高效的数字化审批		√
2	工商登记便利化		
	建立与国际接轨的登记制度		√
	简化注册登记手续	√	
	减少登记事项	√	
3	金融服务便利化		
	放宽金融管制	√	
	推行离岸金融	√	
	支持多种投资保险	√	
	灵活实施项目融资		√
4	推进行政审批制度改革		
	建立"一口管理"的审批机制	√	
	推行负面清单管理	√	
	实行更加开放的投资政策	√	
5	优化投资服务环境		
	打造良好的基础设施环境	√	
	创造优质的公共服务环境	√	
	建设更加优惠的政策环境	√	
6	优化与投资便利化相关的制度安排	√	
7	建立健全与投资便利化相关的体制机制		
	推行大部制改革		√
	建立高效的政企对话机制		√
	建立争端解决机制	√	
	建立决策评估和监督机制		√

中国（河南）自贸试验区背景下流通体制改革研究[*]

杨　波　刘党社

摘　要： 建立河南自贸区是新形势下全面深化改革和扩大开放、促进内陆地区加快发展的重大举措。立足于体制机制创新，促进流通国际化和投资贸易便利化，着力打造具有国际水准的内外流通融合、投资贸易便利、监管高效便捷、法制环境规范的内陆地区对外开放高端平台，这些都对流通体制提出了新的要求。

河南自贸区申建要突出自身流通特点与优势。与我国现有的几个自贸区相比，河南有以下几个流通特点与优势：河南有突出的交通和物流优势；三个城市的商业基础好，特别是郑州有望建成国际商都；河南跨境电子商务、郑欧班列发展迅猛，作为国内贸易改革试点城市在流通领域大有可为；大国家战略叠加，具有流通的复合优势。当前，郑州的流通体制并不能完全适应自贸区的申建。国内和国际的自贸区建设经验为郑州流通体制改革提供了目标和方向。基于国内外的经验和郑州的实际，郑州自贸区的申建需要流通体制进一步优化并实现以下目标：对进出口贸易和流通活动在保证公共利益、公共安全的前提

* 本报告是河南省自贸试验区申建办同名课题的最终研究成果。执笔人为：杨波、刘党社。杨波，男，1975 年生，博士，郑州航空工业管理学院经贸学院教授，航空经济发展河南省协同创新中心研究员，主要研究领域为商业经济、航空运输经济。刘党社，男，1975 年生，硕士，郑州航空工业管理学院经贸学院讲师，主要研究领域为商业经济。

下尽可能实现管制的优化与简化；充分发挥郑州现有优势，协同国内和国际贸易流通活动，降低流通成本，提高流通效率，实现大流通以及流通和消费的国际化。

现行流通体制不能适应自贸区申建主要表现在：内外贸分割运营和管理明显，内外贸易和流通不能协同；对企业的进出口贸易和流通活动的限制和管制较多；政府对流通监管不到位、缺位和越位的问题仍然普遍存在；流通业对外开放过程中对民族流通业重视不够，造成流通国际化的主体缺乏；流通国际化需要的市场制度化程度和制度一体化程度有待提升。

自贸区背景下流通体制改革的思路与对策主要有以下几点。

①培育内外贸结合交易平台和内外贸综合服务企业，推动内外贸一体化。②推进现代流通方式发展，促进生产消费和生活消费便利化。③加强流通基础设施建设。④转变贸易发展方式。⑤深化流通领域改革创新。⑥改善贸易流通的营商环境。⑦建立健全贸易流通保障机制。⑧推进监管制度创新。⑨改进流通管理方式。

关键词：自贸区；流通体制；内外贸一体化

一　自贸试验区对流通体制的新要求

自由贸易区是迄今世界上政策最为宽松的特殊经济区，它在吸引外资、扩大出口、增加就业机会、促进技术转移、拉动内陆经济发展等方面发挥着巨大作用，是区域经济的成长极，是经济全球化的推动力，其外引内联的功能即对外吸引吸收和对内辐射带动的双重功能越来越得到重视，自由贸易区作为一国和一个地区走向世界、参与全球竞争的手段也被更加广泛的使用。

建立河南自贸区是新形势下全面深化改革和扩大开放、促进内陆地区加快发展的重大举措，目标是围绕国家战略的实施，发挥独特优势，立足于体制机制创新，促进流通国际化和投资贸易便利化，着力打造具有国际水准的内外流通融合、投资贸易便利、监管高效便捷、法制环境规范的内陆地区对外开放高端平台，这些都对流通体制提出了新的要求。

河南自贸区的范围应涵盖郑州片区、洛阳片区和开封片区，总面积约120 平方公里。其中郑州片区约 80 平方公里，包括郑州航空港区块、中原国际陆港区块、郑州经济技术开发区、郑东新区金融集聚功能区；洛阳片区约 20 平方公里，以洛阳经济技术开发区为主；开封片区约 20 平方公里，以国家开封经济技术开发区为主。

（一）河南自贸区申建的战略意义

对处于内陆地区的河南省来说，研究设立和发展自贸区有特殊的战略意义。

1. 有利于打开河南经济建设的战略突破口

作为内陆省份，受地理位置和政策等因素的限制，河南的对外开放一直处于相对落后的状态，急需通过探寻合适的开放战略来拉动经济增长。郑州航空港经济综合实验区的建设，为河南经济建设和对外开放打开了一个战略突破口。航空经济的发展离不开自贸区的建设。综观世界各地区经济发展史，成功的航空经济区一般都有自贸区与之配合。在河南航空经济大发展的今天，河南省提出自贸区的设立和发展战略，不仅切合现实，而且将打开中原经济区建设的战略突破口。

2. 有利于推进航空经济的发展，促进产业结构的升级和发展方式的转变

郑州拥有陆空衔接便利的航空港、突出的地理位置优势、良好的产业基础，还有完备的开放条件，打造一个功能完备的航空实验区，发展航空经济，郑州具有现实及天然的优势。航空经济的发展离不开自贸区的申建。依托航空物流的集聚，电子信息、精密制造、光学材料等产业正加速向河南转移。建设自贸区就是要通过更加开放的政策，大力发展与航空运输紧密相关的产业，吸引高端研发、交通物流、商贸、金融、会展等公共服务产业的有效集聚，形成高端制造业和现代服务业的重要集聚区，带动产业转型升级，促进经济发展方式转变。

3. 有利于建设内陆开放高地，促进河南经济飞速发展

郑州拥有优越的地理位置，但也存在不足，受不沿边、不沿海的地理位置制约。为了弥补该缺陷，设立和发展郑州航空港自贸区，能充分发挥航空最便捷的通道作用，适应速度经济发展和国际产业转移的新要求，使

河南的产业更好地融入全球产业链和产业分工体系，同时也能更加有力地吸引人流、物流、资金流、信息流在郑州集聚，在更广领域、更高层次上参与全球经济合作，形成中原经济区和内陆地区的开放新高地，提升对外开放水平。

4. 有利于核心城市联动发展，实现多核互动

洛阳、开封、郑州都是古都，目前也都是河南的中心城市，经济规模和影响力在河南均居前列。河南分成三个片区申建自贸区，可以充分利用这三个城市的古都品牌，及其经济影响力，实现三个城市的联动发展、多核互动。因此，在自贸区申建中，这三个地区应各有侧重、相互支持、相互配合。

（二）河南自贸区申建要突出流通特点与优势

河南自贸区申建方案提出的定位包括引领流通消费国际化的创新发展示范区，要统筹国际、国内两个市场、两种资源，深化流通体制改革，促进内外贸一体化运作，探索促进生产消费和生活消费便利化的新机制，构建统一开放、竞争有序、内外贸融合的国际化现代流通体系，形成大流通、大市场发展格局。

实际上，河南基于自身的资源和状况，需要突出流通特色与优势。流通特色与优势是河南自贸区申建中的亮点，与我国现有的几个自贸区相比，河南有以下的流通特点与优势。

1. 河南有突出的交通和物流优势

河南"居天下之中"，位于京津唐、长三角、珠三角和成渝城市带之间，是国家南北、东西交通大动脉的枢纽要冲，亚欧大陆桥和进出西北六省的门户，河南的高速公路总里程居全国第一。独特优越的地理位置让河南注定成为国家举足轻重的铁路、公路、航空、水利、通信、管道、能源、物流枢纽。郑州还是铁路和高速铁路的双十字交汇处，更重要的是，郑州机场被定位为国际航空物流枢纽，近几年实现了快速发展，航线网络不断扩大，通航城市逐步增多，初步形成了枢纽网络的雏形，航空物流量迅速增加，已经跃入全国前十位。所有这些都使得郑州成为进出口货物物流成本的洼地，有利于流通活动和流通企业在此聚集。河南已经形成各主要城市间的快速交通体系，郑州、洛阳、开封三个地区之间的高铁、公路、机

场、城际铁路都已经完成建设。郑州航空港的高铁很快会建设完成，综合交通枢纽已经初步建成。开封片区北部紧邻郑开大道，北有连霍高速公路，南有郑民高速公路，公路交通运输条件优越。此外，该开封片区西距郑州高铁站36公里，北距开封高铁站仅4公里，东距开封火车站11公里，南距新郑国际机场约40公里，具有较强的综合运输优势。

2. 三个城市的商业基础好，特别是郑州有望建成国际商都

郑州、洛阳、开封都有较长的商业史，也都是河南重要的商业城市，特别是郑州。郑州也叫商城，自古以来就有浓厚的商业氛围。20世纪90年代初期，以亚细亚商场为代表的河南商界，围绕"二七商圈"曾展开激烈的商战。1991年底，由中央电视台等制作的6集电视专题片《商战》播出，使得郑州"商战"闻名全国，"亚细亚现象"得到举国关注。5年后，时任国家主要领导人视察郑州并题词"把郑州建设成为社会主义现代化的商贸城市"。1997年，郑州被批准为国家商贸改革试点城市。得益于浓厚的商业氛围，郑州形成以全国性市场为龙头、区域性市场为骨干、地方性市场为基础的市场组织体系，以及批发与零售、期货与现货、传统经营与新型业态相结合的功能齐全的市场交易体系。郑州商品交易所发展迅速，大宗商品交易额在全国交易所中位居前列，一些粮食品种的交易价格在国际上有较强的影响力。

2014年，郑州市提出了国际商都的定位目标，这是综合郑州市的实际情况和发展环境提出的战略选择。郑州片区是河南自贸区的主片区和核心片区，郑州国际商都的定位和建设，与河南自贸区的建设遥相呼应、相互支持。

3. 河南跨境电子商务、郑欧班列发展迅猛，作为国内贸易改革试点城市在流通方面大有可为

跨境电子商务是电子商务的最新发展方向。在跨境电子商务领域，我国和欧洲、美国都处于同一发展档次，在个别领域内，我国还具有优势的地位。作为全国首批5个跨境电子商务示范城市，郑州市是综合试点，既有出口，又有进口。

郑州经济开发区的跨境"E贸易"实施方案，得到了海关总署专家的一致好评。目前，郑州经济技术开发区的跨境电子商务在交易数量上位居全国第一。空港国际物流中心的建设让郑州在跨境电子商务领域的优势更

加明显。郑州经济技术开发区的跨境电子商务主要从事的是进口业务，且已经从单纯的线上拓展到线下，初步实现了逆向O2O。空港已经开始开展跨境电子商务，其优势在于跨境电子商务的平台在港区，同时，电子口岸开通后正在尝试实现空海、空铁的联运和通关，可以预见，未来的郑州自贸区很有可能成为我国重要的跨境电子商务中心。

截至2015年9月，郑欧班列已累计开行200班，总累计货值9.67亿美元、货重8.76万吨，综合指标继续保持全国21列中欧班列首位，实现了每周去程三班、返程两班的常态化开行。其中，去程班列每周一、周三、周五从郑州发车至汉堡，沿途停靠马拉舍维奇、华沙、汉堡等站点，沿途分拨布拉格、杜伊斯堡、巴黎、米兰等站点；返程班列每周四、周六从汉堡发车至郑州，沿途停靠马拉舍维奇、华沙、汉堡等站点，成为中欧班列常态化开行中班次最密集的公共国际铁路班列。

目前，郑州陆港公司已在全国19个大中城市设立办事处，并与众多货物代理公司开展合作，多渠道组织货源，同时，在欧洲及中亚各国设立了50个分拨配送中心，配送服务延伸至欧亚105个城市，这些分拨中心也是返程货物集货中心。

国务院于2015年8月批复全国9个城市开展国内贸易流通体制改革发展综合试点，郑州被列入此次改革试点城市之中。此次试点要力争通过一年左右的探索，在流通领域创新发展促进机制、市场规制体系、基础设施发展模式、管理体制等方面形成一批可复制推广的经验和模式，为全国统一市场建设打好基础。在国内贸易流通及管理体制改革发展等方面，郑州乃至河南一直走在全国前列。郑州被列为9个综合改革试点城市之一，一方面说明郑州在国内贸易流通体制改革创新方面的经验和成就得到国家认可；另一方面表明国家希望通过郑州的试验进一步深化改革，为全国内贸流通体制探索适合中西部城市的新模式、新机制，同时进一步激发郑州内贸流通体制改革的活力和动力。

4. 三大国家战略叠加，具有流通的复合优势

2014年河南省粮食总产量达到1100多亿斤，约占全国粮食总产量的10%，实现"十一连增"。河南的粮食加工转化能力居全国首位，作为粮食生产的核心区，河南成为我国粮食产品的重要集散交换中心，为自贸区的

建立奠定了良好的物质基础。中原经济区为自贸区提供了重要开放平台和区位基础。郑州航空港的建设为自贸区的建设提供了较好的交通支持。

（三）自贸区申建对流通体制提出了新的要求

当前全国包括郑州的流通体制并不能完全适应自贸区的申建。国内和国际的自贸区建设经验，已经为郑州流通体制改革提供了目标和方向。虽然我国的自由贸易区和中国香港、西方国家的自由贸易区在自由度上有较大差别，但这些地区的自由贸易流通体制可以为河南自贸易区流通体制的改革提供借鉴并指明未来的发展方向。

中国香港自贸区的贸易流通政策包括：一是实行自由贸易制度，对进出口贸易不设置管制，为履行国际义务及维护香港安全对贸易实行必不可少的管制除外；二是不设置关税壁垒，对一般商品的进出口均不收关税；三是进出口手续极为简便，除少数受贸易管制的商品需进行事前申请外，一般商品的进出口无须报批。外来船舶免办进港申请及海关手续，实行非强制引水，关检及卫检手续简便，并豁免港口行政费；四是对企业经营进出口贸易没有限制，任何企业只要依法注册登记，即可从事进出口贸易。

再如，巴拿马科隆自贸区的贸易流通政策有：①货物进口自由，无配额限制，对进出商品控制很少，豁免关税的范围相对较宽，除爆炸品、枪支弹药、麻醉品、易燃品和其他特别规定的商品外，一律自由进入区内并免关税，货物进出自贸区只需填写一份表格；②注册公司手续简便、审批快，区内设管理委员会，负责管理和组织本国和外国企业从事进口、展销、制造、装配和转口业务，为办公机构出租和修建住房、厂房，出租地皮，批准外国人在区内经商等。

美国纽约港自贸区的贸易政策是高度开放的。①任何国外或国内的商品，除法律禁止或由管理局规定为有害公共利益、健康或安全者外，皆可不受美国海关法的限制而进入自贸区。②国际贸易活动均可在区内开展，可以存储、展示、销售、重新包装、组装、分类、清洁、搭配国内货物进行加工。在自贸区内，只要不是零售销售行为，商品可以自由买卖。③货物进入自贸区不受配额的限制，无配额的货物准许进入区内暂存，待有配额再进口，也可以无限期在区内保存，待价而沽。④自贸区的货物可以24小时无限制地通过海关。

对我国而言，目前发展最早的上海自贸区对金融等六大领域全面开放，但在贸易和流通政策条件上还有一定限制，与中国香港、巴拿马等自贸区的自由贸易制度安排还存在一定差距。在产品进出的管制上，还达不到其他自贸区货物进口自由、无配额限制的标准。

基于国内外的经验和郑州等城市的实际，河南自贸区的申建对流通体制提出了以下要求。

①对进出口贸易和流通活动在保证公共利益、公共安全的前提下要尽可能实现少管制。

②充分发挥郑州等城市现有优势，协同国内和国际贸易流通活动，降低流通成本，提高流通效率，实现大流通以及流通和消费的国际化。

二　现行流通体制存在的不足

（一）内外贸分割运营管理明显，内外贸易和流通不能协同

从 1953 年开始，中国的内外贸就是分开监管的。在商务部组建前，我国商品流通领域长期处于多头管理的境地。此前，国内贸易由国家经贸委负责，对外贸易由外经贸部负责，而反倾销、反补贴则由双方共同负责，即先由外经贸部立案，再转国家经贸委进行产业损害调查，之后交由外经贸部公布结果。产品的进出口工作就更加复杂，重要工业品、原材料进出口计划组织实施等职能，由国家经贸委负责，农产品进出口计划组织实施等职能，由原国家计委负责，除此以外的则归外经贸部负责。同时，对外经济协调的职能由国家经贸委承担。

许多国家由贸易部、经济部或商务部一个部门管理的事务，在中国会牵扯这三个甚至更多的部委。在全球范围内，类似中国这样内外贸分割、国内外市场分割和进出口配额分割的管理体制极为罕见。

内外贸分割的体制是历史形成的，在计划经济体制下发挥过巨大的作用。经济学家丁俊发认为，"内外贸不能真正融为一体，对整个大流通、大市场、大贸易的形成极为不利。但也不可能操之过急，需要一个过程，需要从制度上、思想上来一个脱胎换骨的改造，才能解决问题"。

2003 年 3 月，商务部正式组建，在中央层级的管理上，开始实行内外贸统一的管理体制。但现实的情况是国内市场分割和国内外市场分割仍然

比较严重。在目前国内市场中，粮、棉、油、烟、药、盐等重要商品的市场流通管理都尚未统一，分散在各个管理部门，工商、质检、农业、卫生等部门都在参与市场流通的管理。这样，内贸和外贸不能协同发展，也无法相互补充和促进。

（二）对企业的进出口贸易和流通活动的限制和管制较多

首先，国内企业要出口产品必须得到政府的批准，大多数生产企业不能直接进入国际市场。

虽然我国对传统的贸易体制不断进行改革，如赋予若干生产企业进出口自营权，但是，获得进出口自营权的只是少数国有大中型企业（包括少数科研机构），而且其进出口自营权仍然受很多约束，经营范围受严格的限制，拥有进出口自营权的生产企业实际上并不能真正完全自主地经营进出口业务。此外，虽然我国也允许私营企业获得进出口自营权，但进入门槛很高，数量极其有限。总之，我国的外贸经营权仍然是由国家控制的，只有少数生产企业有权直接从事进出口贸易活动，大多数企业并不直接进入国际市场出口产品。这些没有进出口自营权的企业要出口产品，就只能由国有外贸公司代理。这意味着，对于大多数没有进出口经营权的生产企业来说，它们并不能直接进入国际市场自由地从事进出口贸易活动，因而同国际市场之间实际上仍然存在"隔层"。

由于外贸经营权由政府行政审批，哪些生产企业能进入国际市场完全由政府指定，因此，在缺乏市场竞争、筛选和淘汰机制的情况下，能直接进入国际市场从事进出口业务的企业并不一定就是最有效率的企业，这样必然造成对外贸易的低效率。同时，由于国内大多数生产企业不能直接进入国际市场自由地从事进出口贸易活动，因此，国内许多生产企业就不可能完全自由灵活地根据国内外市场的供求状况及时生产完全符合国际市场需求的产品，从而最大限度地扩大我国的出口，这人为地压抑了我国的出口供给弹性。

更重要的是，我国的私营企业在没有得到政府批准的情况下并不能自由地从事进出口贸易活动，不利于我国培育更多的完全自负盈亏从而真正具有内在动力和压力在比较优势的基础上不断扩大出口的市场主体，这极大地阻碍了人均出口额的不断增长。可见，对私营企业的出口限制实际上是对中国出口扩张能力的人为限制。

此外，我国的外贸公司虽然在政府的保护下垄断了我国的进出口，但它们因规模小而在国际市场上缺乏竞争力。而且，由于这些国有外贸企业并不承担经营亏损的最终责任，因此，它们为了扩大出口，往往不负责任地对内抬价收购、对外低价竞销。国有外贸企业相互之间这种没有内在约束的无序竞争，不但造成出口秩序混乱，而且增加了我国的出口换汇成本，降低了我国的贸易利得。

其次，我国在进口方面存在事实上的政府管制，进口的市场化或自由化程度更低。

虽然我国自1992年以来不断降低关税，但我国降低关税的政策意图实际上是缓解我国过大的国际收支顺差，同时扩大资本品或技术设备的进口，以提高国内企业的生产率，而并不是通过实现进口的自由化引入国际市场的竞争机制。而且，虽然我国不断削减非关税壁垒，但实际上对一些已经取消配额、许可证管理的进口商品仍然存在不同名目的数量限制，一些需要进口商品的投资项目需要事先得到政府的立项批准或政府部门的政策性指导。同时，中国在进口的程序上也存在一些事实上的管制（如需要若干个政府部门的盖章认可，进口手续过于烦琐等）。此外，在政府对进口进行严格管制的同时，我国对许多产品的进口仍实行国家垄断，这种进口垄断实际上也是一种非关税壁垒。

（三）政府对流通的监管不到位、缺位和越位的问题仍然存在

政府部门曾经重点支持和看好的国有企业出现了巨大变化，有些企业日益衰落。食品安全与绿色消费仍然是我国企业经营的首要问题，不断出现相关的恶性事件。由于缺乏安全消费标准，消费者在与厂家、商家的对抗中进行维权的呼声是极其微弱的，消费者殷切希望政府有关部门能够在消费环境与食品安全上做出重大突破，解决多年未能解决的遗留问题。正如商务部工作计划中提及的："保障流通领域食品安全和市场平稳运行，建立健全市场准入和监管制度，加强对国内市场的监测和调控。"如何在流通领域理解"抓大放小"问题，如何理解国有企业"有进有退"，如何判断流通业是否为竞争性行业，这些问题都有待政府深化认识，确立自身的明确职能定位。

（四）流通业对外开放过程中对民族流通业重视不够，造成流通国际化的主体缺乏

流通国际化的主体是有较强竞争力的流通企业。从某种意义上来讲，民族流通业关系一个国家的经济命脉，应当成为一个国家经济的火车头；流通业与第一产业和第二产业有很强的关联性，具有较强的吸纳劳动力的作用。民族流通业关系国计民生，与人民生活息息相关。我们应当采取有效措施扶持民族流通企业，民族流通业必须控制一定的国内市场，否则在特殊时期（如饥荒、通货膨胀、战争时期等），政府将对市场失去控制力。加入WTO之后，我国对外资进入零售业实行全面放开，取消了地域、股权和数量的限制，因此，许多人认为没有必要强调民族流通业的重要性，甚至有些地方政府把大量引进外资零售企业巨头作为自己的业绩。其实，这是一种非常错误、非常危险的看法。我们必须从产业链的角度认识外资进入流通业对我国整个产业链的影响，必须清醒地认识到外资企业的潜在威胁性和真实威胁力。对国内流通企业的关注度不够造成了流通国际化的主体缺失。

（五）流通国际化需要的市场制度化程度和制度一体化程度有待提升

流通国际化需要建立完备的法律、规则和制度，这就需要提升市场制度化程度。首先是市场法制化程度，即规范市场主体运行的法律体系是否完善；其次是市场规制化程度，即政府部门，有时也包括一般的社会公共机构和组织，依照有关法律法规，通过许可等手段，对流通企业的进入、退出、价格、服务的数量和质量、投资、财务会计等方面施加直接影响的行为判断是否科学、合理。目前，欧美等发达成熟的市场经济国家法律体系完善，政府行为依法进行，所以市场法制化程度相对较高。而一些发展中国家如巴西、印度和东南亚的一些国家，虽然也实行了市场经济体制，但由于种种原因，法制体系相对仍不完善，经济运行中人为干扰因素较多，这会影响流通国际化的顺利进行。

同时，需要提升制度一体化程度。流通国际化条件下，商品和要素的无国界流通需要全球一体化的制度作保证。所以制度一体化程度的高低，就成为衡量流通国际化程度高低的一个重要指标。制度一体化程度主要是指本国制度与国际接轨的程度。这里需要注意的是制度一体化并不等于制度统一化，制度一体化重点是在保持本国制度特色的基础上实现与国际惯例和规则的对接。制度一体化程度越高，流通国际化运行的阻碍和摩擦就越少，流通国际化程度就会越高。

三 流通体制改革的思路与对策

（一）培育内外贸结合交易平台和内外贸综合服务企业，推动内外贸一体化

拓展国内商品市场对外贸易功能，借鉴国际贸易通行标准、规则和方式，在总结试点经验的基础上，适当扩大市场采购贸易方式的试点范围，在自贸区内打造一批布局合理、功能完善、管理规范、辐射面广的内外贸结合市场。鼓励自贸区内具备条件的流通企业"走出去"，建立海外营销、物流及售后服务网络，鼓励外贸企业建立国内营销渠道，拓展国内市场，打造一批实力雄厚、竞争力强、内外贸一体化经营的跨国企业。可以通过政府引导、财政支持、企业并购等方式，做大做强自贸区内的传统流通企业。

内外贸一体化是扩大内需和外贸转变发展方式形成良性内外互动的关键。长期以来，来料加工等外贸企业在政策上无法从事内销业务，三资企业出口转内销政策壁垒较高，造成内贸与外贸分割的局面。我国外贸企业一直在国际市场上扮演着发达经济体消费品主要提供者的角色，但我国居民反而难以享受本国制造的优质消费品。随着我国实施扩大内需的经济政策，消费结构向中高收入形态迈进，如今内外贸分割问题更为突出。未来，一方面要培育一批内外贸结合的重点商品市场平台，同时在税务、法务、规制、监管等方面着力为出口转内销降低政策壁垒；另一方面要培育一批内外贸综合服务企业，帮助大量外贸企业改变在国内市场无渠道、无品牌、无内贸订单的状况。可以在原有的保税区内建立保税展示平台、大宗商品交易和期货交割平台，为打造国际贸易中心奠定基础。

当前，可以将跨境电子商务企业作为内外贸协同发展的重点抓手。跨境电子商务企业的经营活动本身就已经将内贸和外贸结合在一起，实现了内外贸的一体化经营。目前，可以充分利用郑州等三个城市的原有商业资源和内贸优势，使新兴内外贸经营主体与传统商业企业相协同，以将跨境电子商务等进出口业务的开展与郑州市传统的商业中心结合起来，在"二

七商圈"等传统商圈内设立跨境电子商务的商品展示中心，充分发挥原有商圈人流量大，位于市中心等优势，也充分发挥原有跨境电子商务的信息流优势。

（二）推进现代流通方式发展，促进生产消费和生活消费便利化

（1）以郑州、洛阳、开封三个城市为核心形成网络，规范促进电子商务发展。进一步拓展网络消费领域，加快推进河南中小城市电子商务发展，支持电子商务企业向河南地区的农村延伸业务，推动居民生活服务、休闲娱乐、旅游、金融等领域电子商务应用。在保障数据管理安全的基础上，推进商务领域大数据公共信息服务平台建设。促进线上线下融合发展，推广"网订店取""网订店送"等新型配送模式。加快推进电子发票应用，完善电子会计凭证报销、登记入账及归档保管等配套措施。落实《注册资本登记制度改革方案》，完善市场主体住所（经营场所）管理。在控制风险基础上鼓励支付产品创新，为商业银行和支付机构等支付服务主体营造平等竞争环境，促进网络支付健康发展。

在自贸区建设河南电子商务港，面向全省企业提供商贸流通网络综合服务。鼓励建设具有交易、物流、支付、信息、信用等全方位服务功能的骨干电子商务平台，支持专业批发市场和大型经营企业开展大宗商品网上现货交易。培育一批在国内市场有较大影响力的特色产品和行业电子商务平台知名品牌；发展中小网商和家政、旅游、订餐、旧货交易等便民服务细分电子商务平台。逐步形成电子商务重点平台、骨干平台和细分平台有机结合，城市和农村网络交易服务平台有效衔接，不同部门、行业特色平台协调发展的格局。

完善自贸区内网络交易支撑体系。推动"三网"（电信网、广播电视网、互联网）融合，扩大城乡网络覆盖范围，提高网络服务质量；依托中国联通中原数据基地、中国移动（郑州）数据中心等国家级数据枢纽，整合基础电信运营、软件供应和系统集成等基础业务，培育一批专业化电子商务服务企业，为自贸区内中小电子商务企业提供平台开发、信息处理、数据托管、应用系统和软件运营等外包服务；推进大数据、物联网应用。加快发展云计算，建设云服务平台，完善云安全解决方案。大力推进移动网络新技术应用，支持电子商务运营商与电信运营商、增值业务服务商和金融服务机构的对接。

完善自贸区内电子商务诚信体系特别是跨境电子商务诚信体系，加强电子商务信用管理。在自贸区内建设河南省电子商务信用管理公共服务平台，强化身份认证、信息透明、数据共享、网络监督，以可信的主体、可信的客体、可信的交易、可信的纠纷解决机制为核心，构建可信交易生态圈；鼓励符合条件的第三方信用服务机构开展商务信用评估，在电子商务中推广应用信用产品。研究制定电子商务产业统计指标体系，建立电子商务运行统计监测系统，推进电子商务统计信息综合利用，提升服务效能；加强信息安全防范，引导电子商务企业完善数字认证、密钥管理、数字加密等安全措施，健全信息安全管理制度与评估机制。

（2）依托多式联运，加快发展物流配送。充分发挥物流协会的作用，加强物流标准化建设，加快推进以托盘标准化为突破口的物流标准化试点；在自贸区内加强物流信息化建设，打造一批跨区域物流综合信息服务平台；提高物流社会化水平，支持大型连锁零售企业向社会提供第三方物流服务，开展商贸物流城市共同配送试点，推广统一配送、共同配送等模式；提高物流专业化水平，支持电子商务与物流快递协同发展，大力发展冷链物流，支持农产品预冷、加工、储存、运输、配送等设施建设，形成若干重要农产品冷链物流集散中心。推动城市配送车辆统一标识管理，保障运送生鲜食品、主食制品、药品等车辆便利通行。允许符合标准的非机动快递车辆从事社区配送。支持商贸物流园区、仓储企业转型升级，经认定为高新技术企业的第三方物流和物流信息平台企业，依法享受高新技术企业相关优惠政策。

（3）大力发展跨境贸易电子商务。充分利用跨境贸易电子商务服务试点政策，加强跨境贸易电子商务服务平台建设，推进管理和运行机制创新，先行先试，发挥平台效能；贯彻落实《国务院办公厅转发商务部等部门关于实施支持跨境电子商务零售出口有关政策意见的通知》（国办发〔2013〕89号），支持跨境电子商务零售出口，实行电子商务出口经营主体分类和按规定登记备案。加快电子口岸建设。探索实行一次申报、一次查验、一次放行，推动快速通关、规范结汇、依法退税等相关环节配套协同。鼓励电子商务企业"走出去"，针对不同语言进行区域划分，建立境外销售渠道，开展网上推介，提升我省产品在境外市场的品牌影响力和附加值。支持外贸企业通过网络渠道扩大境外产品进口，满足国内需求。开展外贸重点平台择优认定和动态管理工作，引导、支持企业提供展会型国际贸易电子商务服务。

（4）大力发展贸易金融，推动自贸区成为具有高端服务功能的国际贸易中心。贸易金融是银行在贸易双方债权债务关系的基础上，为国内或跨国的商品和服务贸易提供的贯穿贸易活动整个价值链的全面金融服务。它包括贸易结算、贸易融资等基础服务，以及信用担保、保值避险、财务管理等增值服务。贸易融资是贸易金融的核心。贸易融资总是与贸易相伴而行，为贸易活动中的各方提供资金支持。在贸易过程中，贸易融资发挥着润滑剂和催化剂的作用。

鼓励和引导贸易金融类企业开发新的贸易融资产品。贸易融资新产品不仅能推动银行服务能力和内部风险控制方式的变革，而且有助于企业降低成本、减少存货、扩大销售、加快资金周转，为经济和贸易发展提供有力的支持。新形势下贸易金融业务发展的全球化趋势推动贸易金融向纵深发展。在自贸区制定全球化的贸易金融服务方案，帮助企业在跨时区、跨国家、跨币种维度上更好地匹配物流和资金流，妥善管理资金收付余缺，最大限度地利用不同币种和不同国家的利率和汇率差异获得收益并规避风险，这将成为未来贸易金融服务的关注焦点。

鼓励和引导贸易金融类企业的产品组合走向集成化和综合化。单一的融资结算产品已经不能满足大多数企业的需求。在帮助企业安全、快捷地完成资金收付的同时，能够帮助企业最大化资金收益、有效管理或规避汇率风险的集成化贸易金融产品成为客户的新宠。

鼓励和引导贸易金融类企业从为单个企业提供融资，转变为向产业链和关联企业提供整体综合服务方案。贸易金融中的供应链融资已经形成典型的"1＋N"模式，银行须将供应链的核心企业和上下游供应企业作为一个整体来设计贸易金融服务方案，对产业链上下游关键节点的产、供、销活动进行统筹，在此基础上提供一揽子融资、结算服务以及账户管理和财务顾问等衍生服务，以确保整个产业链资金的正常周转。

（5）推进高标准大宗商品交易平台建设。在河南自贸区建立大宗商品交易平台，利用"互联网"思维，变革运营模式。在"互联网"时代，通过技术实时接入银行监管、仓储监管并使用大数据、云计算、物联网等手段，大宗商品现货交易流程将真正实现线上线下无缝对接，虚拟与实体合一，极大促进大宗商品的流通和产业链的资源整合，提升贸易的整体效率。特别是大数据和云计算将成为连接一切和智能化的根基。大宗商品电子交易市场能运用大数据准确判断行业状况，精准定位客户群及其对产品和服务的需求，据此结合自身的资源优势设置自身市场定位，创新交易和交收模式。如此能最大限度地减少大宗商品交易平台业务和服务竞争的同质化，实现资源配置的最优化，有利于改变我国当前大宗商品现货交易市场较为混乱的现状。大宗商品交易一直以来都是国际贸易的重要组成部分，它涉及的资金量巨大，交易频度高，覆盖的产业链条广泛。此外，不少大宗商品如橡胶等，除了本身的商品属性外兼具金融属性。设立国际大宗商品交易和资源配置平台，有利于郑东新区这一区域金融中心的建设和发展，同时可带动物流、仓储、航运等相关配套产业的发展。

（6）建设期货交割平台，开展期货保税交割业务。在自贸区建设期货交割平台，指定保税交割仓库，试点开展期货保税交割。保税标准仓单生成流程包括交割预报、商品入库、验收、保税交割仓库签发及交易所注册等环节，生成流程按照交易所标准仓单的有关规定执行。保税交割仓库签发的标准仓单应当明确对应货物为保税状态或完税状态，并对不同状态的货物分别管理。

期货保税交割业务试点工作拟分步进行，先期可以在保税仓单首次完成交割后，由卖方直接将保税仓单转为完税仓单，下一步再逐步放开保税仓单流转。

（三）加强流通基础设施建设

（1）推进商品市场转型升级。加快商品批发市场转型升级，推动专业化提升和精细化改进，拓展商品展示、研发设计、品牌孵化、回收处理等功能，带动产业集群发展。制定全国公益性批发市场发展规划，统筹公益性市场建设，加快形成不同层级、布局合理、便民惠民的公益性市场体系。探索采取设立农产品流通产业发展基金等模式，培育一批全国和区域公益性农产品批发市场。支持全国农产品跨区域流通骨干网络建设，完善产销衔接体系。落实和完善农产品批发市场、农贸市场的城镇土地使用税和房产税相关政策。城区商品批发市场异地搬迁改造，政府收回原国有建设用地使用权后，可采取协议出让方式安排商品批发市场用地。通过加强市场周边道路、停车位、公交停靠站点等交通基础设施规划建设以及优化客货运交通组织等有效措施，切实解决城市物流配送存在的通行难、停车难、卸货难等问题。

（2）增加居民生活服务设施投入。优化社区商业网点、公共服务设施的规划布局和业态配置，鼓励建设集社区菜市场、便利店、快餐店、配送站、再生资源回收点及健康、养老、看护等大众化服务网点于一体的社区综合服务中心。将农村市场流通体系建设纳入城镇化规划，培育一批集零售、餐饮、文化、生活、配送等于一体的多功能乡镇商贸中心。整合各类社会资源，建设公益性家政服务网络中心和服务人员供给基地，培育一批员工制家政服务企业，健全养老护小型家政服务人员培训体系，增加家政服务供给。加快生活性服务业营改增步伐，合理设置生活性服务业增值税税率，加大小微企业增值税和营业税的政策支持力度，进一步促进生活性服务业小微企业发展。尽快完善银行卡刷卡手续费定价机制，取消刷卡手续费行业分类，进一步从总体上降低餐饮业刷卡手续费支出。落实好新建社区商业和综合服务设施面积占社区总建筑面积比例不低于10%的政策。

（3）推进绿色循环消费设施建设。大力推广绿色低碳节能设备设施，推动节能技术改造，在具备条件的企业推广分布式光伏发电，试点夹层玻璃光伏组件等新材料产品应用，培育一批集节能改造、节能产品销售和废弃物回收于一体的绿色市场、商场和饭店。推广绿色低碳采购，支持流通企业与绿色低碳商品生产企业（基地）对接，打造绿色低碳供应链。支持淘汰老旧汽车，加大黄标车淘汰力度，促进报废汽车回收拆解体系建设，推进报废汽车资源综合利用。

（四）转变贸易发展方式

加快培育跨境电子商务服务功能，加快跨境贸易电子商务服务试点规模化经营，建立进口商品负面清单，允许清单以外的商品以单次限额等方式开展业务，推动跨境电子商务商品出口退税政策的落实，申请纳入全国跨境贸易电子商务服务综合试点，建立与之适应的海关监管、检验检疫、退税、跨境支付、物流等支撑系统。

推进内外贸融合发展。鼓励企业统筹开展国际国内贸易，实现内外贸一体化发展。拓展自贸区内商品市场对外贸易功能，借鉴国际贸易通行标准、规则和方式，试点开展市场采购贸易方式，推进国内资本、技术、设备、产能与国际资源、需求合理适配，打造布局合理、功能完善、管理规范、辐射面广的内外贸结合市场。推进国内外市场一体化。

鼓励跨国公司在自贸区内设立采购中心、营销中心、贸易型总部和物流型总部，建立整合贸易、物流、结算等功能的营运中心。对区内注册的总部企业实行集中报关、估价、归类、减免税等政策。

在严格执行货物进出口税收政策的前提下，允许在特定区域设立保税展示交易平台，推动综合办公室模式和区外保税展示模式同步发展。加强与跨国制造商、贸易商和会展商的战略合作，筹办全球性的航材装备、机场装备、航空技术等领域的航空保税展会和国际知名电子信息、精密制造、高档服务等品牌产品的保税展会。

大力发展服务贸易，积极发展航空物流信息服务、智能通信软件开发、生物医药研发、航空人才培训、航空商务咨询和认证评估、管理咨询、数据服务、会展服务等外包业务，促进服务外包离岸业务与在岸业务协调发展。

在融资租赁领域，统一内外资准入标准、审批流程和事中事后监管制度。引进培育规模大、影响力强的融资租赁企业，支持金融租赁公司和融资租赁公司在符合相关规定的条件下设立项目公司经营飞机、船舶、大型设备、成套设备等融资租赁业务，开展境内外租赁业务。

（五）深化流通领域改革创新

（1）支持流通企业做大做强。推动优势流通企业利用参股、控股、联合、兼并、合资、合作等方式，做大做强，形成若干具有国际竞争力的大型零售商、批发商、物流服务商。加快推进流通企业兼并重组审批制度改革，依法做好流通企业经营者集中反垄断审查工作。鼓励和引导金融机构加大对流通企业兼并重组的金融支持力度，支持商业银行扩大对兼并重组商贸企业的综合授信额度。推进流通企业股权多元化改革，鼓励各类投资者参与国有流通企业改制重组，鼓励和吸引民间资本进入，进一步提高利用外资的质量和水平，推进混合所有制发展。

（2）增强中小商贸流通企业发展活力。加快推进中小商贸流通企业公共服务平台建设，整合利用社会服务力量，为中小商贸流通企业提供质优价廉的信息咨询、创业辅导、市场拓展、电子商务应用、特许经营推广、企业融资、品牌建设等服务，力争用三年时间初步形成覆盖全国的服务网络。落实小微企业融资支持政策，推动商业银行开发符合商贸流通行业特点的融资产品，在充分把控行业和产业链风险的基础上，发展商圈融资、供应链融资，完善小微商贸流通企业融资环境。

（3）在自贸区内建立两单制（黑红榜单、负面清单），推广贸易救济制，向创新商业管理机制和体制要公平、要效益、要形象，用市场的手段管理和服务流通企业。

（六）改善贸易流通的营商环境

（1）减少行政审批，减轻企业税费负担。加快推进行政审批制度改革，系统评估和清理涉及内贸流通领域的行政审批、备案等事项，最大限度取消和下放相关权限。对按照法律、行政法规和国家有关政策规定设立的涉企行政事业性收费、政府性基金和实施政府定价或指导价的经营服务性收费，实行目录清单管理，不断完善公示制度。加大对违规设立行政事业性收费的查处力度，坚决制止各类乱收费、乱罚款和乱摊派等行为。进一步推进工商用电同价，鼓励大型商贸企业参与电力直接交易。在有条件的地区开展试点，允许商业用户选择执行行业平均电价或峰谷分时电价。

（2）创造公平竞争的市场环境。着力破除各类市场壁垒，禁止滥用行政权力制定含有排除、限定竞争内容的规定，不得限定或变相限定单位或个人经营、购买、使用行政机关指定的经营者提供的商品，取消针对外地企业、产品和服务设定歧视性收费项目、实行歧视性收费标准或规定歧视性价格等歧视性政策，落实跨地区经营企业总分支机构汇总纳税政策。抓紧研究完善零售商、供应商公平交易行为规范及相关制度，强化日常监管，健全举报投诉办理和违法行为曝光机制，严肃查处违法违规行为。充分发挥市场机制作用，建立和完善符合我国国情和现阶段发展要求的农产品价格和市场调控机制。建立维护全国市场统一开放、竞争有序的长效机制，推进法治化营商环境建设。

（3）加大市场整治力度。集中开展重点商品、重点领域专项整治行动，完善网络商品的监督抽查、风险监测、源头追溯、质量担保、损害赔偿、联合办案等制度，依法惩治侵权假冒违法行为，促进电子商务健康发展，切实保护消费者合法权益。积极推进侵权假冒行政处罚案件信息公开，建立案件曝光平台。强化对农村市场和网络商品交易的监管。加强行政执法与刑事司法的衔接，建立部门间、区域间信息共享和执法协作机制。

（4）加快推进商务信用建设。建立和完善国内贸易企业信用信息记录和披露制度，依法发布失信企业"黑名单"，营造诚信文化氛围。推动建立健全覆盖线上网络和线下实体店消费的信用评价机制。支持第三方机构开展具有信誉搜索、同类对比等功能的综合评价。鼓励行业组织开展以信用记录为基础的第三方专业评价。

（5）完善财政支持政策，加大支持力度。用足用好外经贸发展专项资金，进一步加大对中央促进外贸发展支持资金的争取力度。逐年扩大省外经贸发展专项资金规模，主要用于支持引进外向型项目，加大对出口产业基地和人才培训、信息咨询、贸易促进、检验检测、技术研发等公共服务平台建设的支持力度；支持企业开拓国际市场，建立境外营销网络，参加国内外展览展示，开展境外商标注册、各类认证、跨境贸易电子商务等；支持外贸企业建设国际知名品牌；支持企业技改和产品研发，加大出口信用保险扶持力度，发展服务贸易，给予进口贴息，积极应对国际贸易摩擦等。

（6）推进大通关建设，提高贸易便利化水平。加快电子口岸建设，积极推进国际贸易"单一窗口"试点工作，全面推行"三个一"（一次申报、一次查验、一次放行）工作法，积极推进全省通关一体化建设，实现航空口岸、铁路口岸、"无水港"与综合保税区、出口加工区、保税物流中心之间"一站式"便捷通关；加强与沿海及边境口岸合作联动，推进"属地申报、口岸验放"区域通关合作；切实推行24小时预约通关和"绿色"通道工作制度，方便企业报关报检，提高通关效率，降低企业通关成本；全面落实海关对 AA 类企业和 A 类企业的便捷通关措施，对符合条件的申请企业及时上调管理类别；不断扩大通关便利措施的适用范围，一年内无走私违规记录、资信良好的 B 类生产型出口企业适用"属地申报、口岸验放"通关模式；减少自动进口许可货物种类，简化申领程序，缩短办理周期；检验检疫合格的进口商品进入国内市场流通后，其他单位原则上不再检验、检测；规范和减少进出口环节经营性收费，减少行政事业性收费。

（7）加快退税速度，优化出口退税服务。进一步完善出口退税管理机制，贯彻落实出口退税政策；继续优化纳税服务，做好出口退税申报提醒和网上预审工作，提高工作效率，加快出口退税速度，确保及时足额退税；全面施行出口退税限时办结制度，税务部门对出口企业申报的出口退税，在有关电子信息及纸质单证齐全、审核未发现问题且不需要进行有关调查的情况下，在规定的时限内办结。

（8）简化外汇管理程序，推进跨境贸易人民币结算。进一步落实和完善货物贸易外汇管理制度，通过开展货物贸易外汇总量核查和分类管理，减少事前审批，取消出口收汇核销单，为企业贸易外汇收支提供便利服务。

大力推动发展跨境人民币业务，努力扩大跨境贸易人民币结算规模，鼓励涉外企业以人民币进行跨境结算。积极推动跨国企业集团开展跨境人民币资金集中运营业务，全面开展个人货物贸易、服务贸易跨境人民币结算业务，支持河南省金融机构与支付机构合作为企业和个人跨境货物贸易、服务贸易提供人民币结算服务。进一步简化跨境贸易和投资的人民币业务流程，促进贸易投资便利化。

（9）加强金融支持，改善融资服务。进一步拓宽企业融资渠道，鼓励金融机构创新金融产品和服务，加强对有订单、有效益的进出口企业和外贸综合服务企业的信贷支持。对外贸企业开展出口退税账户托管贷款业务和出口信用保险保单融资业务；积极引导金融机构开发汇率避险产品，帮助企业有效规避汇率波动风险；扩大贸易融资规模，鼓励商业银行开展进出口信贷业务以及人民币贸易融资业务，扩大外汇储备委托贷款规模。认真落实大型成套设备出口融资保险专项安排，鼓励担保机构为外贸企业融资进行担保；全面落实银行业金融机构不规范经营专项整治工作各项要求，严禁发放贷款时附加不合理条件，严禁违规收取服务费用，降低贸易融资成本。加大政策支持力度，尽快促成中国进出口银行入驻。加大外资银行引进力度，发挥其对河南省外贸发展的支持作用。

（10）完善出口信用保险体系，扩大信用保险支持范围。鼓励出口信用保险公司根据企业需要增加对新兴市场和发展中国家承保的国别限额。积极发展短期出口信用保险业务，增加出口信用保险规模，扩大覆盖面。发挥对中小企业开拓国际市场的资金支持作用，促进小型、微型企业扩大出口，省财政对小型、微型企业出口信用保险保费给予全额补贴。

（七）建立健全贸易流通保障机制

（1）健全贸易摩擦预警及应对机制。进一步完善产业损害预警机制和产业安全数据库，对河南省产业进行监测，指导产业和企业合理运用贸易救济措施维护合法权益。完善贸易摩擦应对机制，对可能引起贸易摩擦的出口商品进行预警，为产业和企业应对贸易摩擦提供技术支持和服务。建立反垄断工作机制，关注企业集中反映事项和相关诉求；不断完善技术性贸易措施应对机制，利用 WTO 相关规则，做好贸易摩擦应对和贸易争端解决工作，努力降低对河南省出口商品的影响。加强对河南省"走出去"企业应对国外反垄断审查或诉讼的培训和指导，为企业营造公平的竞争环境。加强对 WTO 规则和有关法律、法规的宣传培训，充分利用 WTO 规则促进对外贸易发展。

（2）完善进出口目标考核和激励机制。进一步完善考核评价机制，将考核结果作为领导班子绩效考核的重要内容，对成绩突出的单位给予表彰。

（3）完善部门协作机制。进一步完善财贸、税贸、关贸、检贸、汇贸、银贸、信贸等协作机制，建立健全横向协作、纵向联动、高效协调的协作机制，加强各部门协调配合，形成促进外贸发展的合力。

（4）规范进出口经营秩序。充分发挥行业协会的预警、组织、协调能力，加强行业自律，规范企业行为，防止恶性竞争，努力营造国际化、法治化的营商环境。逐步建立外贸企业信用记录数据库，惩戒失信，打击欺诈，促进外贸企业诚信体系建设。

（八）推进监管制度创新

推行已建自贸区的海关监管创新制度，落实先进区、后报关，区内自行运输，加工贸易工单式核销，保税展示交易，境内外维修，期货保税交割，融资租赁，批次进出、集中申报，简化通关作业随附单证，统一备案清单，内销选择性征税，集中汇总纳税，保税物流联网监管，智能化卡口验放管理等便利化监管方式。

　　探索跨境电子商务发展的海关监管模式。在出口方面，采用"清单核放、定期申报"模式，通过电子订单、电子支付凭证、电子运单与报关清单的自动比对，实现分类通关、快速验放，并定期汇总清单数据，形成一般贸易报关单，通过与国税、外汇部门的电子数据联网，为企业办理退税、结汇，扶持中小微电商企业的发展。在进口方面，简化网购保税进口商品的一线入区申报手续，允许涉及国计民生及受到国内消费者欢迎的消费品事先批量进入保税区域存放，境内消费者网上购买后再逐批分拨配送，节省国际邮件运输成本，缩短购物交付时间。探索适合网络零售形式的海关归类办法、清单申报通关及统计方式，推动跨境电子商务全国通关一体化。

　　推动区域通关改革，在已开展"属地申报、口岸验放"模式的基础上，对诚信记录好、企业整体管理水平较高的总部企业，允许其代表各个下属企业按海关有关规定向河南自贸区海关统一、集中申报，由货物实际进出口岸海关进行验放，实现无缝链接。

　　依托现代科技，对在围网外特定区域内的保税展示交易探索建立"保税展厅"监管模式。在此种模式下，货物从河南自贸区进入展厅无须缴纳或提供担保，海关在信息化管理系统中建立保税展示账册，对进出区展品实施备案管理，对从河南自贸区进出展厅的货物实施途中监管。

　　在自贸区内，扩大国际服务外包进口货物海关保税监管模式的适用范围，让更多的服务外包企业参与保税监管，将监管模式适用范围扩大至服务外包企业为完成外包项目进口的仪器设备，并结合"工单式核销"探索将相关进口材料和耗材纳入海关保税监管范围。

　　以信息化系统为依托，建立维修专用电子账册，对企业维修物品及料件实行全程信息化管理。针对维修业务进出区频繁、零部件响应速度要求高等特点，在企业实行信息化监管的基础上，允许企业以"先送货、后报关"的形式开展国内物品维修及料件运输，采取分报集送方式为维修企业最大限度提供便捷、高效通关服务。

　　推行已建自贸区的检验检疫创新制度，落实国家质检总局提高自贸区贸易便利化水平、创新自贸区检验检疫监管模式、控制疫情疫病和防范产品质量安全风险、推动自贸区高端产业集聚、率先试行第三方检验机构使用与监管、推行进口产品分类监管等新制度，简化检验检疫流程。

在自贸区内，进一步简化粮食、肉类、药品进口以及生物医药等服务外包业务发展的检验检疫环节，扩大预检验及核销制度的适用范围，在自贸区"二线"严密防范质量安全风险的同时，有效地将刚性的进口现场检验和实验室检测时间前置到货物在区仓储期间，实现货物出区时"零等待"。

在全面评估与诚信评级基础上，对控制力强、诚信度高的企业采取"年批制"，并根据产品风险和企业诚信等级，进行分类分级管理，使进口货物更快速地到达企业手中。

（九）改进流通管理方式

完善流通相关管理部门的协作机制。整合和优化流通管理职责，加强商务、发改、财政、环保、交通、工信、工商、质检、食品药品监督等相关部门的沟通协调，探索建立大流通工作机制，实行统一规划、统一管理、统一执法。

完善流通监管体系。开展与国际通行规则对接的标准、信用、检验检测及市场监管制度的创新试点。鼓励行业协会和中介机构参与市场监督，优化政府治理方式。建立科学的抽查制度和责任追溯制度、经营异常目录和黑名单制度，完善事中事后监管。

加快流通预警体系建设。改进综合统计与部门统计分工协作机制，完善部门统计调查制度，改进统计调查方法。运用大数据等信息技术加强对商品市场运行的监测预警，建立健全指数体系。丰富数据采集渠道，建立以政府数据为主体、社会数据为补充的流通综合数据库。

参考文献：

[1]《国务院关于深化流通体制改革发展流通产业发展的意见》，2012。

[2]《中国（河南）自由贸易试验区总体方案（草案）》，2015。

[3]《自贸区分析研究报告》，2015。

[4]《河南省申建自贸区材料汇编》，2015。

[5]《商务部研究院来豫调研系列会议材料汇编》，2015。

[6] 顾学明：《内贸流通体制改革是创新流通发展的必然选择》，《中国对外贸易》2015年第9期，第11～13页。

[7] 吴频：《国内贸易流通体制改革探析》，《中国国情国力》2014年第12期，第7～

　　 13 页。

[8] 宋则：《新一轮流通体制改革的新背景、新特点、新思路和新举措》，《全国商情》
　　 2014 年第 4 期，第5～8页。

[9] 《2015 年流通工作要点》（商务部印发），2015。

[10] 向欣：《深化流通体制改革的方向和任务》，《中国商贸》2014 年第 13 期，第 9～
　　 13 页。

[11] 宋则：《推进国内贸易流通体制改革建设法制化营商环境》，《中国流通经济》
　　 2014 年第 1 期，第 11～17 页。

自贸试验区背景下河南跨境电商发展研究[*]

常广庶　吴丽娟　李武威　刘少卿

王　敏　李劲飞　杨　炜

摘　要： 当前，跨境电商成为区域经济转型升级的关键领域之一。大力发展跨境电商对于河南省的外贸进出口是一个极大利好，既能有效化解当前外贸企业面临的订单不足、成本过高和品牌缺少的问题，又能有效地提高资本使用效率，降低风险并提升外贸的竞争新优势，因此把跨境电商打造成外贸进出口的新增长点对于河南自贸区建设意义重大。第一，本报告在对国内外学术界有关跨境电子商务的相关理论进行综述的基础上，分析了跨境电商的内涵、特点、商业模式及其对自贸区建设的意义。第二，以郑州为例，梳理了河南跨境电商的发展现状，并对上海、宁波、杭州等其他试点城市的跨境电商进行了比较。第三，从不同角度对自贸区背景下河南跨境电商面临的机遇和挑战进行了分析。第四，探讨了制约河南跨境电商发展的因素，包括政

* 本报告是中国（河南）自由贸易试验区工作领导小组办公室研究课题的最终研究报告。执笔人：常广庶、吴丽娟、李武威、刘少卿、王敏、李劲飞、杨炜。常广庶，男，1972 年生，博士，教授，郑州航空工业管理学院工商管理学院副院长，航空经济发展河南省协同创新中心研究员，主要研究领域为电子商务、供应链管理。吴丽娟，女，1978 年生，硕士，郑州航空工业管理学院工商管理学院讲师，主要研究领域为电子商务。李武威，男，1981 年生，硕士，郑州航空工业管理学院工商管理学院副教授，主要研究领域为创新管理。王敏，女，1977 年生，南水北调中线建管局河南直管局高级工程师，主要研究领域为信息化。李劲飞，男，1983 年生，硕士，中共河南省委办公厅第一秘书处副处长。刘少卿、杨炜均为郑州航空工业管理学院工商管理学院研究生。

策、人才、物流、支付、社会信用、信息化、配套设施等方面。第五，就如何促进自贸区背景下河南跨境电商的快速、健康和有序发展提出了相应的对策与建议，并建立了政策台账。2008 年，国际金融危机引发了全球经济危机，导致国际市场需求持续低迷，许多发达国家贸易保护主义开始抬头，国际贸易中传统的大额集装箱外贸交易模式面对极大的挑战，我国不少外贸企业经营困难甚至倒闭。在这种情况下，一些外贸企业为了降低成本、开拓国际市场，开始建立电子商务网站，小额的 B2B、B2C、M2C、C2C 等外贸交易不断上升，跨境小额外贸电子商务业务开始蓬勃发展。当前，随着互联网和信息技术的快速发展以及经济全球一体化的不断加速，跨境电子商务（Cross - Border E - Commerce，简称跨境电商）已成为时代新潮流。可以认为，全球的跨境电商正在重塑国际贸易的格局，包括生产模式、消费模式、流通模式以及全球产业链、价值链和供应链的各个环节。在我国对外贸易增速放缓的背景下，跨境电商正在各地扮演外贸增长新动力的角色，试点城市之间的竞争日趋激烈。

关键词：自贸试验区；跨境电商；政策台账

一　绪论

（一）国内外研究现状综述

实际上，跨境电商起源于 20 世纪 80 年代兴起的电子贸易（E - trade）。国内外学术界对跨境电商的研究最早是关于电子商务对贸易的影响的研究，主要包括以下几个方面。

1. 电子商务对国际贸易和从业企业的影响

学者们通过研究发现，电子商务可以增强国际贸易企业的竞争力，并给消费者带来更低的价格和更多的选择（Malkawi，2007），而电子商务影响国际贸易的途径主要是影响交易成本，例如 Yong 等（2011）利用克鲁格曼的冰山成本模型分析发现，电子商务可以通过影响商品贸易的产出、价格和进出口最终影响企业的利润来促进国际贸易的发展；Martens（2013）认为跨境电商可以显著降低与距离相关的交易成本，且与文化相关的交易成本变得越来越重要。Terzi（2011）认为国际贸易总量借助电子商务将得到大幅上升，服务贸易也受到电子商务的显著影响。从长期来看，电子商务将给发展中国家的国际贸易发展带来巨大益处（Terzi，2011），而我国作为经济正在快速发展的贸易大国，更要加强信息基础设施建设，大力发展电子贸易，在国际贸易竞争中占据主动（卢大钊，2010）。王灿（2007）则进一步分析了电子商务对国际贸易的理论冲击及现实挑战、存在问题以及发展趋势。

2. 电子贸易的运作模式

Wrigley and Currah（2006）认为电子商务迫使新兴跨国零售集团采用多渠道模式（包括线上和线下）开展经营，而地点、空间和根植性是其中最主要的影响因素；柯飞帆（2006）从电子商务环境下国际贸易的发展趋势及其运营模式出发，研究了我国对外贸易应用电子商务的现状及存在的问题，并提出了对策；张旭（2007）总结了电子商务的兴起对国际贸易产生的影响，从观念的转变、信息基础设施的建设、关键技术的研发以及配套政策的完善等方面提出了对策；Asosheh 等（2012）针对伊朗的 B2B 电子商务，根据单一窗口（single window）概念提出了一个本地化跨境电商模型，包括信息层、业务层和内容层；王建强（2013）则指出电子商务在国际贸易中具有便捷性和实惠性的特点，使得国际贸易在运作环境、竞争方式和贸易流程等方面都发生了巨大变化。

3. 中小企业与电子贸易

顾露露（2005）从电子贸易的优势入手，指出电子贸易促进了传统中小企业出口贸易实务流程的革新，并从基础设施、法律政策、技术系统、人才储备等方面分析了我国中小企业开展电子贸易的可行性。刘兰（2011）则分析了我国中小企业国际贸易电子化的动因，提出了中小企业国际贸易电子化的理想模式，并对理想模式的预期效果进行了分析。

随着跨境电商的日益兴起，学者们开始从物流、支付、税收等领域对跨境电商进行初步的探讨。

在物流方面，徐金丽（2011）对跨境电商中外贸 B2C 的物流模式做了比较，包括邮局邮寄、外贸公司仓储集货、第三方物流仓储集货、海外仓储等，指出现有的物流配送模式仍然跟不上我国外贸 B2C 业务发展的需要。

由于我国物流业起步较晚，物流配送已成为我国外贸 B2C 发展的重要制约要素；赵广华（2014）从我国跨境电商物流成本高、时效慢、供应链高端服务能力弱等角度分析了跨境电商与第四方物流耦合发展的机理，提出大力发展第四方物流以解决跨境电商物流难的措施；张夏恒（2015）、马天山（2015）认为海外仓可以大幅降低物流成本，有利于缩短运输及配送周期，规避汇率、政治、文化等风险，并可实现本地退换货；严圣阳（2014）以 PayPal 为例，提出应以第三方跨境支付提供全产业链服务，并加强业务创新以促进我国跨境电商物流的发展。

在支付方面，Anderson（2004）提出了网络经济的长尾原理，发现众多产品需求较小的市场可以与热销产品组成的大市场抗衡，从而为跨境第三方支付的生存提供了理论基础；Macintosh（2005）则讨论了如何通过支付方式鼓励全球性的电子商务发展；王文娟（2015）分析了山西省跨境支付存在的问题。一些学者研究了如何规范跨境支付，如王大贤（2009）、邱继岗（2009）探讨了网上跨境支付引发的外汇资金跨境流动风险，提出构建第三方支持企业外汇管理制度框架、加强跨境支付的检测管理等，以构建信息时代的外汇监管体系；李森（2013）就如何规范跨境支付业务给出了建议，如规范业务流程审查、保障购物安全、制定行业自律标准、提高检测水平、加强安全体系建设和维护消费者权益；吴以（2015）则认为必须将我国跨境电商外汇交易活动业务纳入政府监管体系，及时出台相应的规章制度，以保证跨境电商和支付业务的统一性。

在税收方面，美国于 1998 年通过了《网络免税法》，宣布对电子商务实行免征零售税，目前这一政策仍在实施；WTO 则对特定信息技术产品暂免关税。从 2002 年起，欧盟率先立法对电子商务征税，就欧盟境内外的电子商务税法定性、税收管辖权和税收稽征程序及制度做了系统规定，2006年和 2008 年又相继对相关法律制度进行了修改，包括劳务提供地、逆向征税制度等。还有学者提出应当对电子商务征收一些新的税种，如比特税等。我国的张建国（2014）和王浩（2014）根据交易对象和交易内容的不同对跨境电商进行了分类，分析了不同类型的电子商务模式对海关税收征管工作造成的影响，进而提出相应的解决思路和政策建议。侯席培（2015）、王致仪（2015）、王伊（2015）等学者则针对我国跨境电商发展中税收法规滞后、税收管辖权不清、交易界定模糊三大难题给出了对策，包括完善纳税政策和监管政策、实行税收改革、加快税收信息化建设等。

当前，我国跨境电商发展势头迅猛，国内学者对跨境电商的研究热情也开始高涨。除上述问题以外，学术界还对其他问题进行了探索，例如，陈剑玲（2012）对跨境电商网上争议问题进行了研究，指出网上争议的是首先要解决的关键问题，跨境争议的解决还有赖于地区性和全球性合作体系和跨境执行机制的建立；雷杨（2013）分析了我国跨境电商在通关、退税、结汇等方面的突出问题，总结了跨境电商试点城市的情况，并探讨了试点工作中应加强和改进的方面；高凯（2015）阐述了跨境电商如何影响集装箱运输市场；傻娜（2015）则将我国跨境电商平台分为四类，包括传统跨境大宗交易平台（大宗 B2B）、综合门户类跨境小额批发零售平台（小宗 B2B 或 C2C）、垂直类跨境小额批发零售平台（独立 B2C）和专业第三方服务平台（代运营）。

总的来说，目前国内外对跨境电商的研究仍处于起步阶段，学术界的研究仍非常少。相比之下，由于跨境电商在我国发展迅猛，因而我国学术界对跨境电商的研究也比较多，而国外研究相对较少。当然，我国关于跨境电商的研究也是从 2014 年才开始逐渐涌现。

（二）跨境电商的内涵

近年来，我国跨境电商呈爆发式增长，交易额连年攀升，商务部统计数据显示，2014 年跨境电商进出口交易额达到 3.75 万亿元，同比增长38.9%；预计 2016 年跨境电商进出口额将增长至 6.5 万亿元。2013 年以来，我国政府不断创新体制，打造跨境"E 贸易"服务平台，不断增加跨境电子贸易试点城市，这为作为我国外贸主力军的中小外贸企业发展带来新的契机。

作为一种新型的外贸交易方式，跨境电商的内涵目前仍没有明确的界定，只有极少数学者提出了跨境电商的定义，例如，王蒙燕（2014）从广义和狭义角度分别界定了跨境"E 贸易"的内涵和特征；徐勇（2015）认为跨境电商指分属不同关境的交易主体以电子商务平台达成的交易和支付结算；张南雪（2015）认为跨境电商是指分属不同关境的经济主体利用网络电子交易平台进行线上交易、线上支付、线下物流配送的一种贸易活动；

赵大成和见曼曼（2015）认为跨境电商基本等同于外贸电商，即通过电子商务进行货物买卖交易。

我们认为，根据跨境电商的交易特点，可以从广义和狭义两个角度来理解跨境电商的内涵。

从广义上来说，跨境电商实际上就是电子贸易，指不同国家或地区的交易方通过互联网及其相关信息平台达成交易、进行支付结算并在线下开展物流等进出口业务操作，以送达商品、完成交易的国际商务活动。

从狭义上来说，跨境电商实际上就是跨境零售，是指不同区域的贸易主体通过依托互联网技术的跨境交易平台进行贸易交易、结算，并采用快件、小包等方式通过跨境物流将商品送达消费者手中的交易过程。

实际上，我们通常所说的跨境电商属于狭义上的跨境电商，即跨境零售。

（三）跨境电商的特点

跨境电商在现代信息技术高速发展的背景下快速发展，与传统的国际贸易模式相比，其主要特点表现为以下几点。

1. 无纸化

跨境电商的交易双方通过互联网、电话等形式完成贸易洽谈、合同订立等程序，或通过电子商务平台完成订单确认、在线支付等业务，整个过程不需要任何纸质单据和书证材料，所有的合同、发票、销售凭证、支付凭证等交易信息以电子化形态保存。电子商务的无纸化特点保障了现代商务活动的便捷性和效率性，但一定程度上也给监管机构带来了挑战。

2. 虚拟化

跨境电商不受时间和地点的限制，不必建立传统贸易活动所必需的固定经营场所或常设机构，交易双方都可以隐匿自己的真实地址和信息。从洽谈、订货、签约到支付都可以通过网络完成，交易双方无须见面，具有极大的流动性。电子商务提供的是虚拟市场（E-Marketplace）而不是实体市场，没有传统的工厂、店铺和经营人员，除了实货交割外，整个过程都是虚拟的。

3. 无界化

互联网最大的特征就是开放性。跨境电商促使贸易中的物流、商流、资金流、信息流从传统的双边线状演变成多边网状，即通过 A 国的交易平台、B 国的支付平台、C 国的物流平台实现其他国家间的直接贸易，在跨境电商交易过程中，无论是商品的提供者还是消费者，进入市场的难度都比传统贸易市场要容易得多，可供选择的范围也极为广泛。依靠互联网等网络形成的跨境电商体系突破了国土地域的限制，交易双方可以便捷地寻找合适的商机，满足各自不同的需求，完成产品、服务的交易。

4. 便利化

在跨境电商条件下，交易双方通过网络平台完成交易，不需要传统交易中的代理人、批发商、零售商等中间环节，缩短了供求链条的长度。此外其贸易洽谈、货物流通、资金支付等环节，都比传统贸易要简便许多，极大地减少了企业和消费者的交易成本。网络交易环境在提供贸易便利化条件的同时，也给传统贸易环境下建立的海关税收政策和征管体系带来了巨大的挑战。

不仅如此，跨境电商还具有一些其他显著特点，如小批量、高频次、订单周期短、地域分布广、货品种类杂、单票金额少等。

（四）跨境电商的商业模式

随着跨境电商政策的完善和新型电商出口海关监管模式、信用体系的建立，跨境电商模式将从传统的信息服务平台向交易、营销、支付、物流等综合服务平台转变。运营模式的转变势必带动跨境电商交易额的突飞猛进，有利于我国进出口贸易额持续稳定增长。由于其涉及不同关境以及从一国企业到另一国终端消费者的漫长产业链和贸易链，再加上跨境电商呈现商品碎片化、主体碎片化的特征，其商业实现模式也呈现多样性的特点。

当前主流跨境电商的商业模式主要可以分为三类。

第一类是 B2B（企业－企业）模式，B 是广义的企业概念，既可以是外贸企业，也可以是生产企业，指的是传统外贸企业从线下向线上的拓展，传统生产企业通过跨境电商进军国际贸易。

第二类是 B2C（企业－消费者）模式，指的是境内（或境外）外贸企业或生产企业绕开进口商、批发商和零售商，把产品直接销售给境外（或境内）消费者。

第三类是 C2C（消费者－消费者）模式，境内（或境外）消费者通过跨境电商平台下单和支付，境外（或境内）创业者则根据订单要求将商品通过小包快递或直邮的方式销售给境内（或境外）消费者。

这三类商务模式的交易主体、交易特点等都存在较大差异（详见表1）。

表1　跨境电商商业模式比较

模式	参与主体	交易特点	代表网站	海关模式
B2B	企业与企业	大批量、少批次、面向单一企业、订单集中	阿里巴巴国际站、中国制造网等	货运管理
B2C	企业与消费者	小批量、多批次、面向众多顾客、订单分散	亚马逊、兰亭集势、全球速卖通、敦煌网等	快件管理
C2C	消费者与消费者	小额商务交易、进入门槛低	eBay（个人物品竞标）、洋码头等	邮递管理

B2B模式下，企业对电子商务的运用以广告和信息发布为主，成交和通关流程基本在线下完成，本质上仍属传统贸易，已纳入海关一般贸易统计。

B2C模式下，企业直接面对消费者，以销售个人消费品为主，物流方面主要采用航空小包、邮寄、快递等方式，其报关主体是邮政或快递公司，目前大多没有纳入海关登记。B2C模式可以通过大规模采购降低边际成本，在物流及清关等环节最大限度地降低"海淘"成本，形成较强的价格优势，进而凭借平台优势吸引更多订单，在"海淘"发展初期阶段形成较高壁垒。该模式所涉及的产品种类齐全、数量庞大、覆盖广泛，是B2C快速发展和壮大的原动力，致力于不断解决用户对于大而全的需求，代表企业如京东、苏宁易购等。

C2C模式下，由于当前我国C2C的发展尚处于起步阶段，现存的C2C交易中消费者大多依托跨境电商平台，相比综合类B2C，C2C模式强化了商品丰富度高的特点，大量非标品、个性化商品源源不断地通过C端产出。单一个体主导，极大降低了运营、仓储和物流成本。"海淘"C2C模式最能够体现移动互联网的特点和优势，规模不一、商品种类不同的商家能够聚集在一个交易平台上，随时同数量巨大、来自不同地区的买家进行交易。

在目前的市场格局中，B2C虽然拥有标准化的优势，但随着"海淘"市场的变化，C2C的后发优势越来越明显，主要体现在两方面：一是"海淘"个性化时代到来，消费者不再沉迷于 B2C 平台种类有限的标准商品，而现阶段"海淘"B2C 平台却无法满足消费者个性化的长尾需求；二是移动互联网的迅速发展使消费者更加在意购物场景与购物体验。因此，"海淘"C2C 平台及深耕垂直领域的"海淘"平台将迎来前所未有的发展机遇。

相较于传统外贸，跨境电商出口具有海量商品信息、个性化广告推送、口碑聚焦、支付方式多样等优势，具备门槛低、利润高、环节少、速度快、订单金额小、批次批量多、商品种类多等特点。随着跨境电商政策的完善和新型电商出口海关监管模式、信用体系的建立，跨境电商模式将从传统的信息服务平台向交易、营销、支付、物流等综合服务方向转变。运营模式的转变势必带动跨境电商交易额的迅猛增长，促进我国进出口贸易额持续稳定增长。

（五）跨境电商对于自贸区建设的意义

与传统的贸易方式相比，跨境电商能够简化贸易流程，节约交易成本，提高成交效率，越来越受外贸企业的欢迎，对于我国转变外贸发展方式具有重要意义，已经成为创新驱动发展的重要引擎和大众创业、万众创新的重要渠道，并正在重塑中国对外贸易的大格局。在中国传统外贸增速趋缓、呈现新常态，以及中国劳动力成本上升、人民币升值及外部市场波动加大的严峻形势下，跨境电商为企业尤其是中小企业提供了拓展国际市场特别是新兴市场的历史性机遇（张建平，2015；王默儒，2015）。2013 年，我国出台了支持跨境电商发展的"国六条"，同年上海自贸区作为第一个跨境电商试点受到了众多企业的追捧，除了首批六个城市以外，2014 年又有一批城市得到了试点批准，多地在通关、物流、仓储、税收等方面纷纷出台了一系列政策，许多城市成立了跨境电商产业园，各产业园依据自身特色发布了相关的扶持政策，吸引多家电子商务平台与当地企业直接开展对接合作，发展势头如火如荼。

首先，自贸区的建立可以改善物流状况，缩短物流环节所需时间。自贸区可以为跨境电商物流制定相匹配的政策体系和法律法规，作为约束跨境电商企业、消费者及其他市场参与者行为的有效保障，进而保证跨境电商物流市场的良性发展。自贸区内相关部门可以建立切实可行的政策体系，对相关跨境电商物流企业给予一定的税收优惠，缩短货物的通关出口检验时间，必要时还可给予一定程度的返税扶持，鼓励和吸引更多物流企业加入跨境市场。同时，自贸区还可以统筹规划建设跨境电商企业物流基础设施，譬如建设海外仓、边境仓、配送中心和通信网络平台等。

其次，自贸区的建立可以规范跨境电商第三方支付，降低信用风险，保障资金流动的合法性、合理性。自贸区内可以实施统一的跨境信用标准和支付标准，建立风险监管制度预防跨境电子支付信用安全及资金流动风险，加强跨境电商与银行的合作，利用银行控制资金的流动，并随着跨境电商行业的发展不断完善控制机制。同时，从法律角度来看，自贸区也可以针对第三方跨境支付成立一个专门的部门来监管其正常运作，保证其健康稳定地发展。

再次，自贸区的建立可以增强交易信用安全性。自贸区作为一个整体可以更加便捷地与世界其他各国沟通并建立联系，与其他国家一起参与国际监管，在信息技术高度发展的背景下，自贸区可以建立规模化的支付安全性保障基础措施，运用科技监管电商交易。目前用于电子商务的安全技术主要有数字证书、数字签名、防火墙等，国家也应该通过制定和实施各种政策来监督和规范电商交易，从而创建一个可靠、健康的电子商务交易环境，保障用户在购买产品时的财产安全、物品安全、人身安全。

最后，自贸区的建立可以提高货物通关效率。一方面，在自贸区内可以由海关对进出口货物按个人物品监管方式进行监管，节省直接进口、网购报税、进口退换货等通关时间，并对企业产生的报关单进行定期核发。另一方面，可以利用先进的信息化手段实现货物与资金流的匹配，取消结汇金额的限制，由跨境电商企业上传相关的物流信息和支付信息，使电子进出口岸的退税、结汇系统与跨境电商企业的信息平台实现信息的共享与对接，允许支付企业办理境外收付和结汇业务，为支付、结汇及退税提供服务保证。

上海自贸区的"跨境通"就是一个成功范例。它可以提供跨境电商配套服务，消费者能够享受一站式跨境商品导购与交易服务，跨境电商企业则可以体验基于上海口岸的通关一体化服务。目前，"跨境通"提供的进口通道主要有两种：自贸区仓储保税模式和海外直邮模式。在降低关税上，通过"跨境通"平台入境的商品享有一定程度上的税收优惠。普通货物的进口税通常包含进口关税、进口环节的增值税和消费税，而跨境电商进口商品按行邮税率（包含进口环节的增值税和消费税）征收，按不同商品分别实行10%、20%、30%、50%共4档税率。以进口2000元的金项链为例，普通进口货物根据原产地不同而享受不同的进口关税率，按最惠国税率、协定税率和普通关税率征收的进口税分别为925元、457元、3499元，而跨境电商以10%行邮税率征收的进口税仅为200元。此外，"跨境通"不仅可以实现一定程度的税收优惠，还具有跨境商品展示交易功能，整合了跨境通关物流、支付结算等功能。

二　河南跨境电商的发展现状

2010年，我国政府正式把电子商务确定为战略新兴产业，足以表明国家对电子商务发展重要性的肯定，包括商务部、海关总署等在内的有关部门纷纷出台相关措施，旨在建立和完善跨境电商发展的公共设施，积极引导大、小企业参与跨境电商，为企业走出国门保驾护航。2012年12月，商务部出台《关于电子商务平台开展对外贸易的若干意见》，充分认识到跨境电商对我国开展外贸的重要性，表示将时刻支持和监督电子商务平台的跨境贸易。同时，由国家发改委、海关总署共同开展的国家跨境电商服务试点工作在河南省郑州市正式启动，郑州和一同被选为试点城市的上海、重庆、杭州、宁波一起，成为我国首批跨境电商的试验田。而之后跨境电商试点城市的审批流程改为由地方城市申请，广州、深圳、苏州、青岛、长沙、平潭、银川、牡丹江、哈尔滨、西安等城市也先后获准开展跨境电商试点服务。跨境电商试点能给其他城市跨境电商发展提供经验和技术支持，政府还将从中总结通关、结汇、物流等方面的管理方法，更好地支持我国跨境电商的发展。郑州作为首批跨境贸易电子商务服务试点城市，对推动河南省跨境电商的发展做出了巨大贡献。下面我们主要结合郑州市跨境贸易电子商务的发展情况进行论述。

（一）郑州市与其他跨境电商试点城市的横向比较

2012年5月，为了推动电子商务发展，国家发改委办公厅下发了《关于组织开展国家商务示范城市电子商务试点专项的通知》（发改办高技

〔2012〕1137号），其中一项重要内容便是跨境贸易电子商务服务试点。截至2014年10月，仅有首批5个城市和后续的广州、深圳获得进出口双向试点资格，形成了"七剑下天山"之势。本报告重点分析这7个进出口双向试点城市的运作情况，并对这7个试点城市的优势和劣势以及除郑州之外的6个城市推动跨境电商发展的做法进行分析和总结。

1. 郑州

海关总署对于试点城市的工作计划分为实施方案编制审批、平台建设、试运行、初验、终验5个阶段。2013年5月，郑州市试点实施方案（"E贸易"）率先得到海关总署的批复同意，郑州成为所有试点区域中最早开始探索跨境电商政策的城市。此外，郑州试点区域设在新郑综合保税区和河南保税物流中心（B型），该特殊区域的政策优惠可为发展跨境电商带来更大的便利。因此，相对而言，郑州具有一定的政策优势。

郑州的跨境电商服务平台称为"E贸易"，由河南进口物资公共保税中心有限公司建设。从当前的运作来看，虽然郑州试点是进口、出口同时启动，但进口的规模远超过出口。毕竟，河南本地的跨境电商出口企业不多，当地的制造业远不如长三角和珠三角等地区发达。在进口方面，目前入驻的进口跨境电商企业多达几十家，但缺少巨头入驻，导致进口申报量不高。例如，郑州试点将近1年时，进口申报价值合计才1000多万元；杭州进口试点3个月时，申报价值就超过了2000万元。

位于中部的郑州，拥有辐射全国的区位优势，然而发展跨境电商的关键是国际区位优势。从这点来看，郑州劣势非常明显：①非港口城市，无法开展海运业务；②不与他国接壤，陆运也无优势；③机场的航空国际货运量有待进一步提高，郑州机场的国际货运航线数量有待进一步增加。

2. 上海

2013年9月，上海可谓"双喜临门"：一方面，国务院批准了《中国（上海）自由贸易试验区总体方案》，允许上海先行试点贸易投资便利化等开放政策；另一方面，海关总署批复同意了上海市跨境电商项目实施方案，上海正式踏入方案执行阶段。上海跨境电商试点项目落户自贸区，跨境电商政策和自贸区政策结合创造了政策"叠加"优势。

根据上海市外贸产业一般贸易好于加工贸易、进口好于出口、保税区域进出口额全国领先的显著特点，上海申请的综合试点方案包括一般出口、直接进口、网购保税三种业务模式，在实际操作方面先推行进口再实施出口。进口方面，关键项目是 2013 年 11 月开通的"跨境通"网站。然而，这个导购性质的进口跨境电商平台并不被外界看好。虽然保证正品并提供一定的售后服务，但粗糙的网站设计、过于简单的商品描述及较高的价格均影响了消费者的购物体验。出口方面，上海正在建设 3 个平台支撑跨境贸易电子商务的一般出口模式，分别是上海跨境贸易电子商务服务平台、上海海关跨境贸易电子商务通关管理系统和海关 H2010 系统。截至 2014 年 10 月，上述出口平台还未正式推出。

相对于其他几个试点城市，上海拥有很大的区位优势：①世界级港口，上海拥有洋山、外高桥和吴淞港区等码头，年吞吐量超过 7 亿吨，为世界第一集装箱大港；②世界级航空货运机场，上海浦东机场货运年吞吐量在 300 万吨左右，已连续多年位居世界第三。这样的区位优势不论是对进口跨境电商还是对出口跨境电商，都拥有非常大的吸引力。此外，作为国际大都市，上海本地对进口商品有较大需求，身处长三角生态圈，上海的制造业也具有很强的竞争力。因此，从长期来看，上海的跨境电商试点具有较好的发展前景。

为提高自贸区海关通关效率，上海海关在自贸区推出了多项监管创新制度：一是提升线下物流效率，如"行邮税担保实时验放"模式，将跨境电商涉税订单通关时间从过去的 24 小时提速至"读秒"时代；二是拓展业务试点范围，将直购进口模式由浦东机场拓展至虹桥机场，覆盖上海全境海关快件监管范围，完善保税进口模式运作，将自贸区的经验复制推广至上海市其他海关特殊监管区域；三是以美国亚马逊等知名企业为龙头吸引更多电商进驻。

2015 年 6 月 18 日，上海出入境检验检疫局发布了《上海国检局关于深化检验检疫监管模式改革支持上海自贸试验区发展的意见》，提出 24 条举措，涉及体制机制创新、简政放权、提升贸易便利化水平、服务新兴产业发展、加快互联互通 5 个方面。根据该意见，上海将在自贸区推出"十检十放"分类监管新模式，包括先检后放、通检通放、快检快放、边检边放、空检海放、即检即放、外检内放、少检多放、他检我放、不检就放等。此外，还在自贸区建立了跨境电商负面清单管理制度，仅清单内的商品禁止以跨境电商形式入境，全面支持跨境电商发展。如在出口跨境电商方面，对按个人订单出境的商品，除必要的检疫处理外不实施检验。同时，实施跨境电商备案管理，支持在自贸区建立进口水果、生鲜的电商综合交易平台。

2015年7月28日，上海网发布《促进本市跨境电子商务发展的若干意见》，列出了12项主要任务，包括集聚跨境电商经营主体、完善跨境电商公共服务平台、发展跨境电商物流体系、设立跨境电商示范园区、鼓励跨境电商业态创新、优化配套的海关监管措施、完善检验检疫监管政策措施、提升跨境支付与收结汇服务、创新支持跨境电商税收机制、加大财税金融支持力度、加强创新研究和人才建设以及优化市场环境和统计监测。该意见还包括"财税金融支持"的内容：利用上海市战略性新兴产业、外贸发展、对外投资合作、服务业引导等专项资金，支持跨境公共服务平台建设、跨境电商专业人才培训、国际市场开拓、国际营销网络建设、海外仓建设等项目；重点支持跨境电商示范企业发展和跨境电商示范园区建设；从事跨境电商业务的企业，经认定为高新技术企业的，依法享受高新技术企业相关优惠政策；等等。

3. 宁波

作为一个港口城市，宁波具有深厚的传统国际贸易基础。2013年，宁波实现外贸进出口总额1003.3亿美元，成为浙江省首个外贸总额超过千亿美元的城市。依靠港口优势和传统外贸基础，宁波也开始了跨境电商服务试点的探索。

宁波的进出口跨境电商试点分别落户于宁波保税区和海曙区。其中，宁波保税区旨在打造电子商务进口商品分销基地，利用电子商务模式的创新推进进口食品、消费品跨境贸易便利化；海曙区则打造跨境贸易电子商务出口基地，实现电子商务企业办公、仓储和物流的集中运作。与上海一样，宁波也是进口先行，由宁波国际物流发展股份有限公司负责建设跨境电商平台——"跨境购"。"跨境购"拥有和上海"跨境通"一样的导购功能，但对电商功能进行了弱化，其功能以信息发布为主。显然，这种模式更"轻"，也更符合政府类项目的操作方式。宁波进口跨境电商试点的目标是以"1+1+N"的实体市场为基础打造一个进口商品集散地。"1+1+N"指的是1个宁波保税区进口商品市场、1个宁波进口商品展示交易中心、N个分布在全国各地的区域直销中心。确实,宁波拥有一定的港口优势和物流仓储优势,但面临来自上海的激烈竞争。毕竟,上海具有宁波无法企及的国内国际货源分拨能力。

宁波保税区出台了电子商务产业政策,对重点培育的电商企业、电商平台及公共服务平台给予专项扶持;建立跨境电商人才集聚基地,联合高校培养跨境电商人才;宁波创新推出首个针对跨境电商企业的专业融资产品"助保贷—跨境通",为跨境电商企业提供资金支持。宁波检验检疫部门也积极创新监管模式,推出了以"入区检疫、区内监管、出区核查、后续监督"4个主要监管环节为特征的"宁波模式",在对电商企业进行能力认定的基础上,建立源头可追溯、过程可控制、流向可追踪的闭环检验检疫监管体系,并对商品实施风险分级制度,其中低风险商品一旦检疫合格即可入区上架销售,整个流程最快可在半个小时内完成。

此外,宁波海关和国检部门也正在采取八大措施,让假货、串货、置换进口商品和掺杂国货等不法行为无所遁形。

第一关,企业认定。要求所有参与试点的电商、物流等企业在宁波保税区注册登记,取得海关等监管部门的认定,并与各监管部门实现信息系统互联互通。

第二关,定点监管。跨境电商企业在国外统一提前采购的商品,必须备货到保税区海关指定的跨境仓内,并由海关、检验检疫实施定点监管。专用仓库内不允许存放其他性质的货物,海关实施全天候、全覆盖视频监控。

第三关,入区审验。在入库时海关对商品的品名、数量、规格等进行核对。检验检疫部门对集装箱、木质包装和相关商品实施检疫。

第四关,售前预审。高风险商品需提供有资质的第三方检测机构的检测报告;低风险商品需提供合格保证声明或自检报告。检验检疫机构开展针对性抽查,并送实验室检测。

第五关,审单放行。消费者订单生成后,海关对高风险包裹信息根据订单、支付单、运单等进行审核,而低风险的包裹信息会自动审核通过。

检验检疫机构对出区发货商品按照一定比例进行拦截审核。

第六关，贴溯源码。跨境电商每件商品在发货前都必须加贴具有溯源功能的防伪二维码，消费者在收到货物后扫描二维码，即可了解该商品的进口口岸、报关报检单号等信息。

第七关，后续监管。包裹出仓时，海关实施实货监管。检验检疫部门根据退换货等情况开展后续针对性抽查。

第八关，投诉处理。商品销售后，电商企业作为首要责任人，积极履行售后服务和投诉处理义务。

同时，宁波国际物流还与中国人民财产保险公司合作推出"跨境购"进口商品质量保证保险，要求对全部品类进口产品进行投保，探索建立电商平台的经营者赔偿先付制度，解决消费者"海淘"维权难、退货难、产品责任追溯难等问题。

海关、国检等部门优化服务，缩短"阳光海淘"商品发货时间。宁波海关在栎社机场内设立了跨境贸易电子商务海关专用监管仓库，商品分拨入库、海关查验同时进行，到发货物的滞留时间不超过24小时。

为了推动跨境电商跨越式发展，宁波保税区不断完善仓库、人才、金融、政策等配套软硬件。依托宁波国际物流公司的渠道资源，搭建了独具特色的跨境进口电商综合服务平台——"跨境购"，实现了与海关、国检等监管部门数据的对接；区内建成投用了5万平方米的跨境专用仓，并积极对周边厂房、仓储设施进行整体规划改建，待整体改造完成后保税区内将形成跨境公共仓、自营仓近25万平方米联动发展的局面。

4. 杭州

与郑州一样，杭州的试点方案也很早通过了海关总署的批复。但与其他城市不同的是，杭州先推出出口试点。

2013年7月，中国第一个跨境电商产业园在杭州诞生，开始了对"清单核放、汇总申报"模式的探索。实行一年多来，出口申报单总值仅570多万元，试验成效并不显著。毕竟，杭州当地拥有全麦、执御等出口跨境电商大卖家，以及速卖通平台。这也反映当前跨境电商出口企业对于政府推行的阳光化通道并不特别感兴趣。

2014年5月，杭州开启跨境电商进口试点业务。该试点落户于杭州经济技术开发区的出口加工区，目前已有天猫国际、银泰网等入驻。虽然杭州既没有港口优势，也没有很大的国际航空货运吞吐量，但依靠天猫国际这样的巨型跨境电商平台，杭州的进口电商申报量很快就跻身前列。根据杭州跨境电商服务平台"跨境一步达"的统计，杭州进口试点短短 3 个月内便突破 10 万单，交易额超过 2400 万元。2015 年 3 月 12 日，中国（杭州）跨境电子商务综合试验区获国务院批复，开启了以杭州为核心的长三角跨境电商生态圈的新纪元。该试验区探索建设"六体系、两平台"（即信息共享体系、金融服务体系、智能物流体系、电商信用体系、统计监测体系和风险防控体系，线上"单一窗口"平台和线下"综合园区"平台），着力在跨境电商各环节的技术标准、业务流程、监管模式和信息化建设等方面先行先试，破解跨境电商发展中的体制性难题，逐步形成一套适应和引领全球跨境电商发展的管理制度和规则，为推动中国跨境电商发展提供可复制、可推广的经验。

对于跨境电商试点，杭州的优势不在于区位，而在于其辖区内的跨境电商企业。只要服务好这些企业，杭州的跨境电商试点工作就能领先于其他城市。当然，前提是这些政策能满足跨境电商企业的实际需求。

为了推动跨境电商的发展，杭州在关、检、汇、税等方面采取了如下措施。

（1）关

第一，倡导守法便利。对诚信守法的跨境电商企业给予最大化的通关便利，如"全年（365 天）无休日、货到海关监管场所 24 小时内办结海关手续"等。

第二，提高通关效率。杭州海关推出跨境零售出口"清单申报"，将跨境电商市场主体通过"单一窗口"平台申报的商品清单视作报关单，不再进行汇总申报。简化出口商品归类，货物通关一般按照 10 位 HS 商品编码归类，杭州海关为适应跨境零售出口业务发展，推出按 HS 商品编码前 4 位简化申报。保税商品"先进区、后报关"，跨境电商零售进口商品数量多、种类多，为了便利跨境电商市场主体，杭州海关允许跨境电商企业的进境商品先进入保税区仓库，理货后再进行报关。取消关区内转关，以往商品从杭州萧山机场海关入境后需要办理转关手续，填写商品详细申报信息。

杭州海关取消了关区内转关，在杭州海关关区范围内企业不再需要办理转关手续，只需办理简便的转运手续。

第三，全程无纸化通关。杭州海关推广机器换人，力争实现通关作业全程无纸化、远程实时监控和卡口智能核放。海关监管部门给运输海关监管货物、物品的车辆装上带有芯片的安全智能锁，车辆接受海关远程指令自动进出卡口。此外，杭州海关正在尝试通过信息化管理，将整个监管过程"前推后移"：前道环节中，跨境电商市场主体通过"单一窗口"备案并传输相关数据信息；后道环节中，海关将运用大数据手段进行事后分析，防控走私风险。

第四，探索通关作业一体化。一般贸易的货物进出口，在长江经济带已经实现了通关一体化，年内将在全国范围内实现货物进出口通关一体化。下一阶段，杭州海关将积极争取海关总署支持，在跨境电商 B2B 货物进出口通关一体化的基础上探索实现跨境电商零售进出口的区域通关作业一体化。

第五，支持放量增长。全力支持综合试验区开展跨境电商 B2B 出口业务，探索开展转口零售业务和 B2B 进口业务模式，支持跨境电商放量增长。

（2）检

第一，执行入境物品备案"负面清单"。根据"法无禁止的市场主体即可为"的大原则，企业可以大胆进口化妆品等曾经的"敏感"产品，各地方检验检疫局对这类产品通过风险目录清单来管理，进行风险监控，列入清单的商品都需要进行安全卫生项目评估。

第二，下放进口许可权限。浙江出入境检验检疫局积极争取国家质检总局、国家认监委支持，下放乳制品等敏感类食品风险评估和注册备案以及个人自用物品免于 3C 认证等权限至浙江检验检疫局。

第三，建成跨境电商产品检验检疫质量安全风险国家监测中心。中心内设置消费者投诉平台，"海淘"商品发现质量安全风险的，消费者可以申请检测，中心对检测费用给予减免。

第四，浙江、杭州出入境检验检疫局积极支持综合试验区申报进境肉类、水果口岸，申报通过后杭州消费者就可以在较短时间内吃到更多进口肉类、新鲜水果。

（3）汇

第一，4家机构实现跨境外汇支付。国家外管局浙江省分局积极争取国家外管局的支持，批准更多的支付机构参与跨境外汇支付试点，批复同意浙江省连连银通电子支付公司、网易宝成为支付机构跨境外汇支付试点，加上支付宝和贝付，目前已有4家支付机构可供境外支付选择。

第二，扩大支付机构跨境外汇支付试点业务交易限额。经争取，支付机构跨境外汇支付试点的货物贸易及服务贸易单笔交易限额从1万美元提高到5万美元。

第三，扩大个人贸易收付汇资质。目前，个人贸易外汇管理改革试点已在省内全面推广实施，通过简化单证、允许个体工商户开立结算账户等措施便利个人贸易经营者的外汇收支。

（4）税

第一，一定条件下"无票免税"。对纳入综合试验区"单一窗口"平台监管的跨境电商零售出口的货物，如果出口企业未取得合法有效的进货凭证，在平台登记销售方名称和纳税人识别号、货物名称、计量单位、总金额等进货信息的，可在2016年底以前暂行免征增值税的政策。

第二，出口退税"无纸化管理"。综合试验区积极探索便利化退税管理模式，推行出口退税"无纸化管理"，简化流程，便利办税。

此外，2015年6月29日，杭州正式发布了《2015年推进跨境电子商务发展的通知》，将在跨境电商主体培育、平台建设、人才培养、园区建设等方面给予一定的扶持，加快跨境电商综合试验区建设。在跨境电商主体方面重点支持、积极鼓励推动传统外贸企业转型发展，对具备进出口经营权、开展跨境贸易且达到一定规模的传统外贸企业给予重点支持；积极鼓励各类经营主体申办进出口经营权，开展跨境电商业务；鼓励各类专业市场探索尝试新型业态，充分利用跨境电商开拓新的国际市场。

对年成交额超过1亿美元的跨境电商平台，每招引1家年进出口额在100万美元以上的外贸企业在平台上开展跨境电商业务，给予不超过2万元的扶持，扶持总额不超过500万元。对年成交额超过1亿美元的跨境电商平台，成交额年增幅超过1000万美元的，给予不超过10万元的扶持等。

经过认定的跨境电商产业园区，实际使用面积超过5万平方米，入驻有实绩的企业 20 家以上，对其一次性给予不超过 100 万元的奖励。

杭州鼓励各类企业开设综合型物流专线，扩大运能。对于开设国际专线物流且每周在 1 班次以上的企业，给予不超过 200 万元的扶持。

鼓励杭州的高校整合现有师资力量，结合产业发展实际需求开设跨境电商专业，对将其纳入全国高等院校统一招生计划的在杭高校，给予最高不超过 100 万元的扶持。

5. 重庆

在首批试点的 5 个城市中，重庆的试点实施方案是最晚得到海关总署批复同意的。然而，重庆的方案最为全面，覆盖一般出口、直购进口、特殊区域出口、网购保税进口四种模式。

从目前的运作来看，重庆的特殊区域出口模式还没落地，其他已经试行。按照重庆的规划，渝中区负责出口跨境电商试点，两路寸滩保税港区负责进口跨境电商试点。出口方面，重庆拥有大龙网这样的跨境电商龙头企业，可通过"渝新欧"铁路通道，重点开发俄罗斯等欧洲市场；进口方面，依靠两路寸滩保税港区的水港和空港优势，重点培育"爱购保税"进口电商平台。

和郑州一样，重庆的区位劣势是其发展跨境电商的重大障碍。区位劣势意味着国际综合物流资源的缺乏。尽管大龙网有聚集国内资源的能力，但如果没有配套的国际物流支持，这些中国产品从重庆发往世界各地的成本会很高；尽管保税港区功能齐全，政策上也有不少优惠，但要真正成为进口商品的集散地，需要充足的航空货运及港口海运资源。因此，重庆发展跨境电商，任重而道远。

2015 年 4 月 24 日，重庆市外经贸委与深圳网商协会签署战略合作协议，共同打造重庆跨境电商产业园。该产业园将引进深圳网商协会众多优质会员企业，促进重庆传统企业电商化转型，在重庆市形成整个跨境电商产业链，力争在 3 年内将重庆打造成内陆第一跨境电商生态城市。

重庆市外经贸委、重庆海关和重庆移动联合打造了"重庆移动跨境购"。该平台以重庆移动开发的"重庆城"手机客户端为载体，对接海关、检验检疫和税务等部门的通关系统，实现了 B2C 跨境贸易的通关便利化和全程监管。

重庆积极建设跨境电商园区，在内陆开放高地建设过程中顺势而为，把发展跨境电商、建设"渝新欧"国际物流大通道作为扩大对外开放新的突破口，先后获批成为全国首批跨境贸易电子商务服务试点城市，获准开展"一般进出口""保税进出口"全业务模式试点。市政府成立跨境电商专项工作组，加快培育企业、引进项目、创新产品、做大流量、完善配套综合服务，给予重庆西部物流园等开放口岸支持，为跨境电商发展奠定了良好基础。

重庆西部物流园先后引入了意大利、新加坡等国的大型跨境电商服务企业，在"引进来"的同时，也在积极"筑巢"集聚国内跨境电商，促进制造业"走出去"，为重庆和西南地区日益提升的产能扩张找到出路，助推本土跨境企业做大做强。

为进一步发挥"渝新欧"国际物流大通道优势，丰富国内消费品市场，市政府大力建设境内外跨境电商商品仓储物流中心，支持企业建立全球物流供应链和境外物流服务体系，完善跨境电商仓储物流中心和集中监管场所布局，支持引导跨境电商进出口物流在重庆进行集散分拨，使重庆成为跨境电商物流的前沿口岸。

6. 广州

2013年10月15日，正值第114届广交会开幕之际，广州启动了跨境电商服务试点，成为华南地区首个"跨境贸易电子商务服务试点城市"。一年两度的广交会是中国产品走出去的重要通道，也体现了广州在中国外贸领域的重要地位。随着跨境电商试点服务的启动，广州的传统外贸将进一步向跨境电商这种新型贸易方式转型。

与杭州一样，广州也是先试点出口再试点进口。从某些方面看，杭州和广州有些相似之处：杭州拥有强大的出口产品制造基础，进口方面则可依靠天猫国际这个超级大平台；广州的制造业也非常有竞争力，进口方面同样拥有唯品会这样的著名电商。然而，广州的区位更胜一筹：①港口城市，海运物流强大；②白云机场综合保税区不仅国际货运航线充足，而且具有综保区政策优势；③靠近香港，可充分利用香港的自由港优势发展跨境电商。广州的这些区位优势甚至可以和上海自贸区媲美。因此，广州虽然没有成为首批试点城市，但发展后劲十足，进出口双向跨境试点都发展得非常快。

为了促进跨境电商的发展，广州开展了一系列工作，包括支持企业和园区载体做大做强，建立公共服务体系，深化境内外区域合作。其中东盟、"21世纪海上丝绸之路"沿线国家成为重点开拓的目标市场。中国人民银行广州分行发布了《关于金融支持广东稳增长调结构的若干意见》，明确提出要推动支付机构跨境外汇支付业务试点，促进跨境电商加快发展。

7. 深圳

作为中国改革开放的第一个特区，深圳的外贸一直居全国前列。其中，出口贸易连续20多年位列第一。发达的传统外贸催生了深圳高度活跃的跨境电商产业。据统计，深圳拥有独立B2C企业和大卖家超过5000家，占据全国出口跨境电商的半壁江山。因此，深圳是跨境电商试点需求最强烈的城市。

或许是因为体量太大的缘故，深圳憾失首批跨境电商试点资格。直到2013年底，深圳才启动第一批跨境电商出口试点业务，进口试点则在2014年9月正式启动。深圳将试点区域设在前海和深圳机场，并以前海为主。前海可以说是一个政策高地，拥有深港现代服务业合作区和前海湾保税港区。前者作为国际级战略平台，其配套政策与跨境电商产业定位高度吻合；后者属于海关特殊监督区域，具有高效便捷的通关、结算环境，非常适合发展跨境电商。此外，深圳毗邻香港，可利用香港区位优势优化跨境电商的转运模式，使得跨境电商试点变得更加多样化。与上海、广州一样，在政策优势和区位优势的驱动下，深圳跨境电商产业将迎来黄金发展期。

深圳在全国率先建立涵盖进出口的跨境贸易电子商务新型海关监管模式，包括建立跨境贸易电子商务专用账册，实行提前备案、保税监管、分类审核、清单验放、汇总核销等。2014年9月获批全国跨境电商进出口综合试点城市后，深圳制定了跨境电商支持方案和扶持政策，发布了国内首个跨境电商地方标准。

为促进深圳市跨境电商市场健康快速发展，深圳市市场监管局制定并发布了《关于促进跨境贸易电子商务市场健康快速发展的若干意见》，在标准建设、系统建设、市场监管、权益保障等方面进行了大胆创新。该意见的实施，形成了深圳跨境交易监管的新模式，能够有效维护企业和消费者的合法权益，进一步促进深圳跨境电商的健康快速发展。

在强化标准引领方面，深圳市市场监管局制定实施了《深圳市跨境电子商务零售出口经营主体备案流程规范》专项标准，规范跨境经营者的主体备案内容与流程，同时积极参与 ISO、IEC、WTA 等国际机构的标准化活动十余次，制定 ISO/TC290 网上信誉《网络消费者评论》国际标准，推进跨境电商标准与国际标准接轨。

根据跨境工作部署，深圳市市场监管局、市经贸信息委、深圳海关、深圳出入境检验检疫局以及南方电子口岸公司等部门和单位积极搭建与企业沟通的桥梁，于 2015 年 2 月提前完成了跨境贸易电子商务可信交易保障系统的开发工作并正式上线。该系统是深圳市跨境工作的重要创新，实现了与工商监管数据、信用中心数据的资源对接，为通关服务平台提供跨境企业的工商注册信息、企业信用信息。

（二）郑州市跨境电商的发展情况

1. 入驻企业

2012 年 5 月，国家选定郑州等 5 个城市开展跨境电商试点工作。2012 年 8 月 11 日，由河南保税物流中心作为承办单位的"E 贸易"项目获国家发改委审批。郑州作为全国跨境贸易电子商务试点城市，打造专门"E 贸易"信息化系统，引入 O2O 新模式，建韩国馆、澳新馆等线下实体展示店，实现客户线上线下体验，吸引大批电商入驻，跨境电商业务量呈逐年上升趋势，在全国试点城市中已居领先地位。运行至今，郑州"E 贸易"试点项目产业链带动效果越发明显，吸引了众多国内外知名电商、物流等企业进驻，形成全球和全国分拨中心，一大批本土电商及平台诞生并发展良好。作为全国唯一一家将国家试点项目（跨境贸易电子商务）纳入主导产业的功能型服务平台，郑州打造的"三个一"（一次申报、一次查验、一次放行）"一站式"服务，符合国家通关便利化政策，成为"E 贸易"业务不断放量、持续引领全国跨境电商风向的重要支撑。目前，已有菜鸟、网易、敦煌网、DHL 敦豪、KENKO 肯高、韩国趣天 Qoo10、美国购物网、聚美优品、京东国际、中通国际、中邮集团等企业在郑州试点

"落地"或开展战略合作，综合业务量遥遥领先其他全国试点城市，系统处理能力从1万包/日到10万包/日再到100万包/日，并朝"无边界"方向持续扩容（乔地，2015）。据郑州海关统计，截至2015年8月23日，备案企业包括电商企业306家，电商平台208家，配套服务的支付企业29家，物流企业15家，仓储企业80家，报关企业56家，郑州跨境贸易电子商务产业链已基本成形。

2. 基础设施建设

郑州是全国唯一一家集保税物流中心资源与跨境电商业务于一体的试点，拥有6000平方米综合查验中心、10条操作流水线及1条邮政专用分拣线等。作为全国首批"E贸易"试点城市，郑州市的试点目前已在河南保税物流中心、郑州出口加工区全面开展现场业务，新郑综保区、郑州机场口岸等海关正在进行系统测试，其中河南保税物流中心现场业务占据主要份额。

3. 进出口交易规模

2013年5月，海关总署批准了郑州市跨境贸易电子商务试点实施方案，郑州成为首个监管方案获批的试点城市。2014年底，河南跨境贸易电子商务通关服务平台（河南电子口岸平台）着手建设全省统一的跨境电商信息化平台。2015年5月，郑州机场利用河南电子口岸跨境电商信息化平台开始实货测试。2015年6月，新郑综保区利用河南电子口岸跨境电商信息化平台开始实货测试。据郑州海关统计，截至2015年8月23日，郑州跨境贸易电子商务服务试点共备案商品95130种，其中备案进口商品94151种，出口商品979种；实现进出口货值216901.97万元，其中进口货值214022.69万元，出口货值2879.28万元；2015年1~7月，郑州跨境贸易电子商务服务试点各月的申报进口清单数呈现连续增加的良好发展态势（赵振杰，2015），如图1所示。

目前，单日申报进出口清单的最高值已达105万单。尤其值得一提的是，郑州跨境贸易电子商务服务试点进口收件人达到600多万人，分布在关境内的所有省份。2015年1~6月，郑州试点累计验放保税进口商品清单突破1500万单，价值13亿元，征收进口税款4875.72万元，分别占全部试点海关总量的57%、34.5%、58.8%。

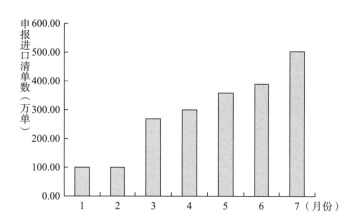

图 1　2015 年 1～7 月郑州跨境贸易电子服务试点申报进口清单数

4. 进出口商品国度和种类

根据我们的调研，通过跨境电商交易的商品的进口国主要有英国、法国、德国、俄罗斯、加拿大、澳大利亚、日本、韩国、比利时、丹麦等；通过跨境电商交易的商品的出口国主要有英国、法国、德国、俄罗斯等。

从商品种类来看，通过跨境电商交易的进口商品主要包括食品、箱包、服饰、鞋帽、电子产品、保健品、茶具、手表、红酒、整车、生鲜、日化、母婴、厨卫用品等；通过跨境电商交易的出口商品主要包括服饰、鞋帽、工业配件等。

三　河南跨境电商面临的机遇和挑战

（一）河南跨境电商面临的机遇

1. 政策优势

2012 年 8 月，国家发改委同意将由河南省进口物资公共保税中心有限公司申报的郑州市跨境贸易电子商务服务试点项目列为国家电子商务试点。2013 年 5 月，海关总署批复同意郑州市试点实施方案（"E 贸易"）。郑州是其中唯一一个综合性跨境贸易电子商务服务试点城市，这意味着国家赋予郑州航空港发展"E 贸易"全方位的"先行先试权"，在政策上为跨境贸易电子商务服务的发展提供充分的优惠条件和尝试空间。

2. 基础设施不断完善

目前，郑州航空港各种基础设施和配套设施都在不断完善，自来水厂、热源厂、燃气公司等均已建成并投入使用。在道路交通方面，未来将构建以航空港为中心的放射状陆路交通网络，建成"三纵两横"的高速公路网、"五纵六横"的干线公路网和以郑州为中心的"米"字形铁路网。顺丰、申通、韵达等大型物流企业纷纷入驻郑州航空港，甚至美国 UPS、DHL 等国际物流业巨头也在考虑入驻。

3. 互联网用户数量不断增加

全球电子商务的大格局是包括河南省企业在内的我国企业开展跨境电商的大背景。根据 Internet LiveStats 的数据，截至 2014 年底，全球互联网用户已超过 30 亿人，约占全球总人口的 40%。而在 1995 年，全球互联网用户占全球总人口的比例还不足 1%。与 2013 年相比，2014 年全球互联网用户数量的增长率达到 6.6%，其中，发展中国家增长率为 8.7%，发达国家增长率为 3.3%。随着全球互联网的应用走向成熟，电子商务市场将实现更加蓬勃的发展。

4. 地理位置

河南省位于我国中部地区，郑州地处我国腹地，具有辐射全国的区位优势，是陆桥通道和京广通道的交汇区域，郑州航空港拥有良好的空域条件，衔接东西南北航线，具有发展航空运输的独特优势，为"E 贸易"的实施提供了物流配送的基础。以 2012 年为例，全国民航旅客吞吐量平均增长 9.2%，新郑机场旅客吞吐量增长 15%；全国货邮吞吐量同比平均增长 3.3%，而新郑机场货邮吞吐运达 15.12 万吨，同比增长 47.07%，增速居大陆大型机场首位（常广庶，2013；Chang，2014）。新郑机场还开通了多条国际全货运航线与腹舱带货业务，货物输送范围覆盖亚欧美三大洲，国际投送能力大幅提升。郑州目前正在努力打造国际港，正如习近平总书记在郑州调研时提出的："郑州的'E 贸易'要朝着'买全球、卖全球'的目标迈进，国际陆港要建成连通境内外、辐射东中西的物流通道枢纽，为丝绸之路经济带建设多做贡献。"从 2013 年开始，郑欧班列满载着"中国制造"和欧洲货物来往于亚欧"大动脉"上，让中欧之间的贸易更为频繁。截至 2014 年底，郑欧班列累计开行 100 班。即使如此，凭着安全、快捷、稳定的优势，郑欧班列依然"供不应求"，频频出现"爆仓"现象。2015 年，郑欧班列将扩充陆港公司在欧洲、中亚地区的组货阵容，拟开行 150 班，每周两班去程、一班回程，同时争取中国邮政集团利用郑欧国际货运班列开通国际邮运专线（国家发展和改革委员会，2013）。同时，依托郑州铁路集装箱中心站的郑州国际陆港统筹布局铁路港、公路港、无水港、保税功能园区、多式联运服务中心和金融、商贸等生产性服务中心，形成郑州国际陆港核心区。目前国际陆港规划及核心区城市设计已完成，铁路一类口岸如期搬迁完毕，正在组织专业技术团队开发构建铁路口岸大通关信息平台。作为内陆首批和唯一的铁路整车进口口岸，郑州汽车整车进口口岸一期工程通过省级五部门的预验收和国家五部委的正式验收，已小批量常态化开展业务。目前，郑州国际陆港开发建设有限公司正积极推进汽车口岸二期选址及规划建设准备工作。

此外，肉类口岸开工建设，正打造中部跨境冷链物流集疏中心；药品口岸加快推进，河南食品药品医疗器械检验检测中心项目开工建设；粮食口岸获准筹建。大力开展公铁联运、海铁联运、空铁联运等多式联运业务，持续开辟新的出境口岸，形成"多线路、多出境口岸、多货源地、多式联运"的"四多"运营格局，建设铁公机海多式联运国际陆港集装箱物流中心，打造"新丝绸之路经济带"重要物流枢纽。在"新丝绸之路"上，郑州可谓贯穿亚欧的重要节点城市。向西，一趟趟稳定开行的郑欧班列，让郑州与中亚、欧洲等许多国家的经济联系越来越紧密；向东，开行多年的"五定班列"，让连云港、青岛等海港成为郑州的出海口。通过这些，郑州物流的触角已经延伸到韩国、日本以及东南亚等国家。

5. 产业基础良好

河南是我国重要的农产品主产区，粮食产量占全国的18%以上，其中小麦产量接近全国的50%；棉花、油料、畜禽产量分别占全国的18.4%、20.5%、14.8%；矿产资源丰富，是全国重要的能源原材料基地；工业门类齐全，装备、有色金属、食品产业优势突出，电子信息、汽车、轻工业等产业规模迅速扩大，形成了比较完备的产业体系（常广庶，2013；中国电子商务研究中心，2013）。同时，随着富士康、台湾统一、顺风速递等数百家企业的先后进驻，郑州航空港内的企业已达300余家，为"E贸易"的发展奠定了坚实的产业基础。

6. 市场潜力巨大

目前，中原经济区城镇化率已达40.6%，投资和消费需求空间广阔，市场优势日益显现，面积和人口均居全国第 1 位，经济总量仅次于长三角、珠三角及京津冀，列全国第 4 位，是全国劳动力资源最为丰富的区域之一。同时，电子商务也取得了非常快速的发展。2012 年，在国内电子商务市场交易规模和电子商务服务企业数量上，河南省均列第 9 位（马珂，2013）；仅 2012 年"双十一"一天，河南网民在支付宝的交易额就达到 6.49 亿元，居全国第 11 位（王秋欣，2013）。这说明，"E 贸易"的发展已经具备相应的市场基础与发展潜力。

7. 航空港经济综合实验区助推跨境电商的发展

郑州航空港经济综合实验区已上升为国家战略，随着国家的政策供给和资源投入，以及河南省和郑州市的内生努力，河南省的航空经济将会实现跨越式的发展，这无疑将为加快跨境电商的发展提供强大的支持。

（二）河南跨境电商面临的挑战

1. 海关监管环节

跨境电商的交易特点使其难以通过正常渠道通关通检。电子商务的特点是品类多、小批量、多批次，并且一般是现货及时交易，客户对交货时间敏感。现有的海关和商检制度在产品归类、商检资质、报关费用和通关效率等方面都有进一步提升的空间。大多数电商货品通过邮政和商业包裹或快邮形式以物品而非货物方式报关，还有部分电商利用灰色通关渠道等非正常通关方式，导致出口电商身份模糊，隐含巨大的法律风险，同时也不利于口岸部门监管和进行进出口数据统计，造成税收流失。

2. 交易环节

①跨境电商服务平台交易技术的不足不利于提高交易效率。跨境电商平台需要大量的数据信息，通过信息将商家与商家、商家与客户及相关组织联系起来。从事软件开发和后台管理的人员不仅需要具备计算机的相关知识，更要熟知相关国家的文化和规则，并能将购销系统进行有效链接和转换。

②跨境电商难以进行退税和结汇。首先，跨境电商主要以快递或邮件的形式通关，没有海关报关证明，因此也无法正常结汇并享受出口退税的政策。其次，跨境电商的商品包含很多低价值的小批量货物，货物来源于流通市场，并没有增值税发票，所以无法退税。

3. 产品质量监管环节

跨境电商的交易货物往往是直接来自国外厂家，没有对应的中文说明，相关部门也无法对其质量和性能进行查验。这使得交易中可能会出现产品的质量问题，导致用户对跨境电商产品的不信任。

4. 售后服务环节

第一，除了通关、退税、结汇方面的问题，售后退换货也是困扰跨境电商的一大难题。电子商务的特点决定其退换货比例较高，在一些欧美发达国家，零售业服务水平较高，普遍采用无条件退换货行业规则，因此跨境电商的退换货率也一直呈增长趋势。但是由于涉及跨境通关和物流，退换货的成本较高，甚至会高于货物本身的价值。

第二，消费者权益的保障。在跨境电商交易活动中，交易双方来自不同的国家或地区，对于交易过程中的争议很可能存在不同的认识和法律解释，因此消费者的合法权益就面临严峻的挑战。

5. 人才培养环节

人才已成为制约跨境电商发展的重大瓶颈。虽然已有不少高校开设了电子商务专业，但在实际工作中出现一种怪象，一方面很多电子商务专业毕业生找不到专业对口的工作，另一方面电子商务企业急需优质人才。

四 制约河南跨境电商发展的因素

（一）政策因素

国务院在2013年先后试点自贸区、跨境电商试点城市下的新型保税区、跨境电商出口退税等政策。以往，跨境电商以快递或邮政小包形式通关，缺乏海关报关证和增值税发票，因此出口电商无法正常结汇，也无法享受出口退税的政策。海关的清关能力和审批流程也是跨境电商进口发展缓慢的重要原因。当前盛行的跨境电商试点城市下的保税区模式，对海关清关、国检、质检都提出了新的考验。部分产品会被要求接受全检，而有些保质期较短的进出口商品在海关清关耽误时间过长会直接影响商品的进一步销售和电商企业的货品周转率，甚至出现过整集装箱的商品过期的情况，给企业带来严重的损失。目前，几个跨境电商试点城市都在其保税区实行不同的政策，力争加快出口商品的周转速度，以便货品及时上架并响应市场需求。以发展最快、最好的宁波保税区为例，其为进入保税区的商品开通了绿色渠道，加快其国检、质检、清关速度。此外，国外终端消费者不能实现人民币自由兑换，这在很大程度上也影响了跨境电商产品的出口。

我们通过调研获悉，目前郑州跨境电商货物的通关效率和其他几个试点城市差异不大，遇到的主要问题也具有共性，市场监管、外汇结算等问题尤为突出。这些重大问题的解决无疑需要政策创新，需要关、检、税、汇等部门的协同联动。

（二）人才因素

与国内电子商务不同，跨境电商面对的是来自全球各地的消费者，他们有不同的语言、文化、宗教信仰、风俗习惯等，使得跨境电商的实际运营环境变得复杂得多。电子商务本身涉及在线支付、物流、营销、计算机网络、数据挖掘等方面知识，所以，一个优秀的跨境电商从业者需要了解并掌握的知识技能相当繁多。目前国内这种综合型人才较为稀少，要培养一批这样的人才也需要一个比较漫长的过程。一些提供电子商务服务的运营商已经明确指出，国际业务领域需要大量的精通英语、法语、意大利语且懂电子商务的综合型人才。我们的调查显示，目前，河南省开设跨境电商专业的高校非常少，仅有郑州航空工业管理学院经贸学院成功申请设置了国际经济与贸易专业（跨境电子商务方向），已于2016年9月开始招生。

（三）物流因素

对于跨境电商的进口和出口，物流都是一个很棘手的问题。B2C模式中消费者一般选择快递和邮政小包，国际四大物流巨头商品运输周期短、丢件率低、服务完善，但一个很大的问题是收费高。而像新加坡邮政小包、中国邮政速递国际e邮宝等全球邮政小包服务，通常价格比较低，但是运输周期相对较长。在解决物流问题方面，国内的电子商务公司正在联合国内外物流公司推动海外仓储的建立，海外仓储可以有效地解决服务周期长、退换货慢等问题，但通常海外仓储成本很高，如果商品出现大面积滞销，也会给电子商务公司造成很大的损失。此外，能否在郑州打造大的物流中心也直接影响郑州跨境电商发展进程的快慢。

（四）支付因素

在跨境支付领域，作为外资支付机构，PayPal的市场占有率接近80%，几乎覆盖所有的海外购物网站，处于绝对垄断地位。我国的消费者在"海淘"时，也必须要有印有 Visa 或 Mastercard 标识的国际双货币支付信用卡。国内的支付机构在国际化道路上发展并不成熟，虽然 2012 年 9 月支付宝国际账户 Alipay Account 正式上线，但由于各方面不足，其暂时还不会对 PayPal 构成威胁。跨境支付行业被外资垄断，给监管和产业的发展带来很多难题。为了我国跨境电商更健康地发展，政府应支持和培育支付宝、快钱、财付通等影响力较大、信誉较好的本国电子商务支付机构的发展，使跨境支付领域百花齐放，形成理想的电商生态系统。在推动跨境电商发展的进程中，包括郑州在内的各试点城市都受到这一问题的困扰。

（五）社会信用因素

事实上一个成熟的社会信用体系始终是跨境电商发展的重要保证，而我国由于处于经济转型期，迄今仍未建立成熟的社会信用体系，贸易活动中信用缺失的现象屡见不鲜，拖延付款乃至赖账不还的事情时有发生。虽然中国人民银行已经建立了公民的个人信用记录，但这种记录的适用范围和时效都是有限的，因而实际价值也很有限，这必然会使参与跨境贸易的市场主体对于交易的顺利进行缺乏信心，从而影响跨境电商的快速发展。

（六）信息化因素

目前，河南省信息化水平仍然较低，造成企业信息化链条的断裂和信息化普及的断层：前者指的是不同企业之间的信息化水平参差不齐；后者指的是在同一企业内部不同部门之间难以实现信息共享。这两种现象都严重阻碍了跨境电商的发展。

（七）配套设施因素

目前，郑州跨境电商聚集工业园区的基础配套设施还不够完善，员工的生活成本不断增大，加重了企业负担，也增强了员工的不稳定性，跨境电商企业的人才流失率不断提升不利于跨境电商的健康发展。

五　自贸区背景下河南跨境电商发展对策

跨境电商是新生事物，在发展过程中还存在很多问题，急需通过制度、管理、服务等方面的不断创新从根本上解决各种难题，最终实现跨境电商的快速发展，以促进自贸区的建设。

（一）进一步完善河南大通关服务平台建设

河南电子口岸平台是集进出口通关、检验检疫执法、物流、商务服务于一体的大通关信息平台，是按照"政府主导、市场运作、企业经营、行业监管"的建设运行机制，由郑州航空港实验区（综保区）管委会、郑州海关、河南省出入境检验检疫局、河南省机场集团有限公司、河南省工商行政管理局、郑州经开区管委会6家企事业单位共同出资组建的国有高新技术企业。作为全省口岸公共数据中心和交换平台，实现了信息网络技术在口岸管理服务方面的综合应用，对降低企业通关成本、提高通关时效、改善对外开放软环境具有重要作用。

1. 继续完善"单一窗口"的平台建设，强化大通关协作机制

国务院印发《落实"三互"推进大通关建设改革方案》，推动内陆同沿海沿边通关协作，实现口岸管理相关部门"三互"（信息互换、监管互认、执法互助），提出到2020年跨部门、跨区域的内陆沿海沿边大通关协作机制有效建立，信息共享共用，同一部门内部统一监管标准，不同部门之间配合监管执法，互认监管结果，优化通关流程，形成既符合中国国情又具有国际竞争力的管理体制机制。河南电子口岸平台的建设连接了口岸执法单位、进出口管理部门、口岸生产等单位，对于实现全省进出口企业、生产制造园区、物流基地的通关流程全覆盖，形成网络化协同监管模式和大通关"一站式"服务体系具有重要的作用。在这种情况下，河南应以完善"单一窗口"平台为突破点，以市场、企业需求为导向，在自贸区建设中打造公平、自由、透明的商业价值体系。

为此，应进一步推进"单一窗口"建设，完善该平台的功能，推行"联合查验、一次放行"的通关模式，实施联合登临检查等"一站式作业"，简化口岸现场通关环节，通过属地管理、前置服务、后续核查等方式将口岸通关非必要的执法作业前推后移，把口岸通关现场执法内容减少到最低限度，从而有效提高进出口申报、监管、审批效率，缩短通关时间，改善投资环境，强化区域经济竞争力，为河南外向型经济的高速发展提供有力支撑，助力河南深度融入国家"一带一路"战略，构建对外开放新格局，推动自贸区建设背景下的经济模式调整及战略转型。

2. 进一步简化通关流程

原有的通关规则只适应过去传统大宗的贸易，而在新的形势下，货物通关并不能与之适应。为此，河南应制定新的通关规则，以便与海关监管、检验检疫、退税、物流服务等环节相匹配，为跨境电商企业提供便捷的通关服务。由海关牵头建立对跨境电商企业的认定机制，确定交易主体的真实性，并建立交易主体与报关服务的关联体系。将电商货物进出口都纳入货物类监管，参考对个人物品的监管方式，逐步完善直购进口、网购保税等新型通关监管模式，电商货物按清单核放，快速通关，事后由电商企业汇总申报。网上交易记录、物流记录、支付记录等都可作为跨境贸易电子商务出口货物认证依据。加快电子口岸结汇、退税系统与跨境电商平台、物流、支付等企业系统联网对接，实现口岸监管的前推后移、分类通关以及全程无纸化通关管理（来有为等，2014）。

3. 优化平台的综合服务功能，发挥集聚效应

河南电子口岸平台已经初步形成了促进跨境电商发展的服务环境，但综合服务体系仍待优化。应当大力引进和扶持跨境电商综合配套服务企业，发挥集通关、物流、结汇、退税为一体的综合服务企业的作用，为转型升级的传统外贸企业、跨境电商中小微企业提供法律与财务咨询、知识产权维护、代运营、海外售后支持乃至业务培训等全方位个性化服务。立足于河南省自贸区建设"一区多园"的发展格局，大力培育该平台有别于其他试点城市的核心竞争优势，扶持各类中小型本土跨境电商企业发展壮大，推动跨境电商产业集聚和园区联动发展，实现跨境电商关键要素的集聚，即企业集聚、服务平台集聚和人才集聚。在企业集聚方面，瞄准全省各个进出口企业，促进外贸企业升级转型；在服务平台集聚方面，构建全产链服务体系，包括跨境运营、数据托管、金融服务、投资孵化、人才培训、众创空间等，营造创业创新环境；在人才集聚方面，引入省内各高校跨境电商研究主体，打造人才高地，服务跨境电商。

（二）创新跨境电商监管体系

首先，过去对外贸易基本上都是大批量的，所谓的小批量实际上也是以集装箱为单位，价值至少数万美元。而现在的跨境电商出口，有时一笔只有十几美元或几十美元。2014 年，全国跨境电商进出口快件部分就达

1000 多万单，而现有的监管体系和监管方法很难适应跨境电商小批量、多频次的发展趋势。

其次，目前我国只有《互联网信息服务管理办法》《中华人民共和国电子签名法》等少数几部相关法律法规，对跨境电商在交易、税收以及消费者权益保障等方面都没有专门的规范和标准（来有为等，2014）。而跨境电商在发展中存在大量灰关代购、恶意代购的产业灰色地带，一些跨境电商企业通过电子商务平台进行虚假宣传，销售假冒伪劣商品、侵犯知识产权、非法交易及欺诈等行为时有发生，消费者权益得不到保障，海外消费者的投诉严重影响了我国外贸电商的集体形象。

最后，跨境电商方兴未艾，处于快速发展的上升期和增长期，其在发展过程中还没有形成完整的上下游产业链；企业与企业之间、地区之间、企业和政府之间，以及业务的流转程序方面，都还没有形成完整的产业链、生态链；有些方面的监管还没有到位，部分贸易活动游离于政府监管之外。

因此，河南必须创新跨境电商监管体系，研究、制定并不断细化跨境电商市场监管法规，建立健全跨部门日常协作配合机制，加快电子商务监管信息系统与平台建设，逐步完善跨境电商诚信体系，加强对跨境电商平台及电商企业的规范与监管，打击跨境电商中的假冒伪劣以及违反知识产权的行为，建立跨境贸易电子商务邮件、快件检验检疫的监管模式。同时，研究跨境电商产品质量的安全监管和溯源机制，加快制定网络经营者电子标识和网络交易商品、交易行为的标准规范，引导个人海外代购转向专业网站经营。规范海外代购的流程和渠道，根据跨境电商的发展特征，创新市场监管方式，不断提高监管的信息化水平，增强问题发现能力和应急处置能力，为跨境电商的发展营造良好的市场环境，促使跨境电商在发展中规范，在规范中发展。

（三）构建跨境电商的智能物流体系

跨境电商对于物流体系的要求比较高，涉及一系列仓储、配送问题。因此，一个快速、高效的智能物流网络是开展跨境电商的先决条件和重要保障。

1. 加强信息技术应用，建立智能物流网络

跨境电商由于刚刚起步，在对消费者所需商品种类和数量的预测方面

存在较大难度，但基于当今的大数据技术，完全可以通过建立智能数据库进行需求量的分析，并根据预期需求量、库存商品剩余数量、预期运送到货天数、运输工具效率等一系列指标，自动生成发货日期及所需商品数量，降低库存成本，实现物流及时配送，解决海外仓库存积压问题。此外，还可以通过信息技术的使用实现整个物流配送过程的智能化和自动化，实时跟踪商品所处地理位置，降低货物的丢包率，为消费者购买商品提供更加可靠的保障。

2. 加快本土物流业跨境发展

本土物流企业必须不断提高服务质量，加快企业信息化和物流现代化建设，积极"走出去"，提供与跨境电商企业和国内外消费者需求相符的高质量物流服务。鼓励大型国际快递企业和民营企业参与国际航线建设，尝试在国内电子商务企业与物流配送企业之间建立共享式、多元化配送模式。出台跨境物流配送企业服务质量标准，促进跨境物流配送企业提质增效。

3. 提高物流管理水平

在有限的成本下积极构建先进的物流体系，引进物流业的配套设施。同时引进管理人才，对物流管理运营、场地划拨、优化流程等献计献策，提升工作效率。物流业也可尝试与通信企业强强联手，实现物流配送信息高效化传递。物流业从业人员应定期参加培训，不仅补充专业知识，还要注重提高基本素质、服务能力等。

4. 积极推动跨境供应链物流体系的建设

郑州是西部内陆地区和东部沿海地区经济互动的枢纽，具有发展航空运输的独特优势。作为全国首个国家级航空港经济发展先行区，郑州航空港拥有良好的空域条件，衔接东西南北航线，不仅便于接入主要航路航线、开展联程联运，而且有利于辐射京津冀、长三角、珠三角、成渝经济带等主要经济区。此外，河南围绕"一带一路"战略已经开通了欧洲铁路专线，这些专线是跨境电商可以利用的物流基础设施，为跨境电商的发展提供了物流配送的保证。因此，应当进一步挖掘郑州航空港和郑欧铁路专线的物流优势，为航空物流的发展创造良好的内部运行机制及外部市场环境与政策环境，从而推动跨境供应链物流体系的建设，例如，建立货运信息公共平台，在各个电子化供应链体系之间实现物流信息共享；建设跨境网购物品集散分拨中心，为电子化供应链系统的所有成员提供物流服务，从而降低物流成本、提高物流效率，并帮助所有跨境电商企业快速响应市场需求（常广庶，2014）。

（四）逐步建立完善的跨境电商信用体系

由于我国仍处于经济转型期，一直未能建立相对成熟的社会信用体系，贸易活动中信用缺失的现象屡见不鲜。虽然中国人民银行已经建立了个人信用记录，但这种记录的适用范围和时效都很有限，因而其实际价值也是有限的，这必然会使参与跨境电商的市场主体对交易的顺利进行缺乏信心，从而影响跨境电商的快速发展（常广庶，2014）。而跨境电商的健康发展需要信任，以及相应的产品体验和服务，从某种意义上说，这正是跨境电商发展的"痛点"所在，因此完善的社会信用体系是跨境电商顺利进行的基本要求。

1. 建立企业网上信用

企业应通过在线与离线相结合的方式向潜在目标市场发布公司背景资料、产品服务信息，加强与消费者的沟通交流，让消费者通过多种渠道了解公司的规模与财务实力，知晓交易的安全性。企业还应制定并运行完善的服务机制、退换货机制、安全和隐私保护机制等，建立企业网上信用，获得消费者的信任，提高与消费者进行再次交易的可能性，增强顾客的忠诚度。

2. 进一步完善法律法规

法律法规的确立和健全是社会信用制度及管理体系建立和实施的保障。世界各国和政府对之都高度重视，且都有相应的法律和法规对电子商务进行规范和管理，而我国的法律法规建设还没有与电子商务发展的进程相适应。电子商务活动中涉及知识产权、隐私、电子合同、消费者权益、信用等方面的法律问题不同于以往的传统法律问题，往往涉及民法、商法、行政法、经济法和刑法等多个法律门类、多种法律体系，不是某一种法律所能解决的。因此，河南应在现有各项电子商务法律法规的基础上，结合跨境电商涉及的国家和地区的有关规定，制定跨境贸易过程中信保、维权、举证等一系列制度，加快电子商务的立法进度，设立一个专门的电子商务法律部门以适应电子商务这种新生事物的发展。同时，现有的电子商务法律法规还要与国际法律法规体系接轨，以便更好地开展国际经济交流与互动。

3. 建立信用评估机制

建立和完善参与跨境电商的企业和消费者的信用评价与监管机制，建立诚信档案，促进和扶持第三方信用评估业发展。具体来说，可以借助权威中介机构对企业的信用评级，因为这些权威机构具有一定的声誉，测评数据较为公正，所以可以作为买卖双方的借鉴。中介机构可以对信用好的企业加分评级，同时对信用差的企业扣分惩罚，定期按照信用等级进行排列并在权威媒体上发布信息，使产品和服务提供商的好信誉或失信信息扩展到全社会，从而鼓励或迫使从事电子商务的企业珍惜自身信用。

4. 建立信用奖惩机制

一方面，要在对跨境电商企业实施跟踪调查的过程中，赋予相关部门依据法律法规实施奖惩的权力，如对信誉良好的企业给予优惠政策，采取免予检查、实行信誉年检等措施予以奖励，并面向社会广泛宣传。另一方面，对信用不良企业及时依法严惩，大幅度提高其信用成本，从根本上加大交易主体的失信风险，使其不敢进而不愿失信。可以采取两种方式予以惩罚：一是商誉惩罚，即工商管理等部门将信用不良的企业公之于众，如在媒体上公布失信企业或个人的不良行为记录，让失信者难以在社会经济生活中生存；二是法律制裁，即司法部门依法严惩不守信用的市场主体，使其在经济上受到应有的惩罚，并对其进行重点监管、定期审查。

（五）完善跨境电商人才培养机制

随着跨境电商行业的不断发展，跨境电商企业销售的产品品类和面对的市场更加多元化，企业对电商人才的要求也不断提高。相关企业在招聘跨境电商人才时倾向于选择国际贸易、市场营销以及电子商务等相关专业的人才。因此，应采取积极措施鼓励和扶持相关院校培养一批既精通国际贸易业务和市场营销知识，又掌握计算机应用技术的电子商务复合型人才，这是推进并保持河南省跨境电商可持续发展的根本途径。

1. 构建以市场需求为导向的系统性、分层次的人才培养体系

目前，河南很多学校都开设了国际贸易、电子商务专业，具备比较齐全的硕士、本科、专科培养体系，每年的毕业生也很多。然而，越来越多

的企业发出这样的声音：招不到合适的跨境电商人才。跨境电商属于交叉性学科，既有国际贸易的特点，也有电子商务的特点。兼具国际贸易和电子商务特征的跨境电商企业对人才的综合性需求较强，单一的专业无法满足企业对人才的需求。因此，可以由政府职能部门牵头，建立一支由高校、行业协会、各大跨境电商平台等部门组成的专家小组，深入市场、企业、各大跨境电商平台，调研各层次跨境电商人才所需掌握的知识与技能，确定不同层次人才的培训方案，制定教学计划，构建系统的培训课程体系。

2. 打造专业师资团队

教师的素质决定了教学的质量和效果，影响着人才培养的质量。承担跨境电商人才培训工作的教师除了要掌握跨境电商相关的理论知识以外，还必须有从事跨境电商的实战经验，才能胜任教学岗位（陈旭华，2014）。为此，一方面应当建立教师实习机制，选派优秀教师到跨境电商企业挂职锻炼，及时了解和掌握跨境电商领域新动态、新技术、新的管理理念和规范；另一方面，可以聘请跨境电商企业的技术骨干和专家、行业协会的专家、跨境电商平台的项目负责人和资深培训讲师等组成专家讲师团，向学生传授跨境电商的运营与管理技巧，帮助解决教学过程中出现的新问题，从而打造一支在国内有一定影响力、在跨境电商领域有较大话语权的专业师资团队。

3. 引进中高级人才，建立中高级人才培训基地

鼓励政府相关职能部门、高校和科研机构、企业、培训机构等单位，加大跨境电商项目规划、项目运作及跨境网络营销等领域的中高级人才引进力度。大力引进中高级复合型跨境电商人才，鼓励海外留学归国人员和高校毕业生带跨境电商项目来郑州创业，在资金、办公场地和税收上给予大力支持，营造积极、宽松的跨境电商创业环境。

4. 推进跨境电商实践教学共享平台的建设与应用

建设实践教学共享平台是提升专业建设和人才培养水平的必由之路。目前，全国很多院校都在进行这方面的相关探索，参与者包括学校、企业、设备供应商等。因此，河南要充分利用跨境电商企业的资源、技术和经验优势，推进跨境电商实践教学共享平台的建设与应用，实现校企深度融合、协同育人、共同发展的目标。建立校企合作的实践教学体系，将课堂教学

和学生校外实训基地实践有机结合，为学生搭建一个良好的实训、实践平台，切实提高学生的动手能力，培养企业用得上、留得住、有前途的优秀人才，使其真正做到"来之能战、战之能胜"。

（六）推动跨境电商企业的信息共享

1. 加强企业信息化建设，确保跨境电商信息流、资金流和物流的通畅

企业的信息化程度直接决定跨境电商信息流、资金流和物流的通畅性。然而，据调查，2014 年底河南省拥有网民 3474 万人，占全国网民数量的 5.8%，而同期河南省常住人口（9436 万人）约占全国人口（136782 万人）的 6.9%；互联网普及率仅为 36.9%，与北京、上海等地 70% 左右的普及率相差甚远；网站和域名分别有 7.9 万个和 22.8 万个，分别占全国的 3.1% 和 1.8%（CNNIC，2015）。这说明，目前河南企业的信息化水平仍然较低。因此，一方面，政府要采取有力措施促进跨境电商企业加强信息化基础设施建设；另一方面，跨境电商企业应根据自身情况积极引入 ERP、CPFR、RFID、QR、ECR、e-SCM 等先进的管理技术与方法，逐步实现生产与经营活动的电子化和自动化，在企业内部与其他供应链成员之间实现信息共享。

2. 加强跨国合作，实现跨境电商的供应链信息共享

很多跨国公司热衷于建立跨越多个大洲、多个国家的全球供应链，并不断通过供应链管理强化对整个供应链体系的控制，其主要目的是通过内部贸易来规避风险、降低交易成本并减轻税负。这些企业自身巨大的市场需求和示范效应吸引当地的众多中小企业服务于这些企业，带动了跨境电商企业的快速发展。而且这些企业的信息化程度普遍比较高，在研发、采购、生产、物流、售后服务、供应商管理等各个领域都已经采用各种基于现代信息技术的先进技术与手段，构成一个个遍布全球的电子化供应链体系，其先进的 e-SCM 和信息共享机制也促进了众多供应链成员信息化水平和信息共享能力的提升（常广庶，2014）。因此，河南跨境电商企业应积极参与全球产业供应链，借供应链成员之间频繁的信息交换活动提高自身信息化水平，实现信息共享。同时，政府要指导和协调跨境电商企业通过联合协作和标准化方法建立一致的技术标准，促进各个电子商务平台之间的相互兼容与信息共享，打通不同供应链体系之间的交流与合作，充分发挥跨境电商的集聚效应，为建立和完善河南跨境电商的信息化基础体系创造

条件。

（七）调整优化跨境电子支付体系

从跨境电商的角度来看，其政策性需求除了需要监管层面做出一些相应的政策调整之外，还集中在做好与跨境电商海外目标市场国家之间的政策衔接，其中的一个重要方面就是"一带一路"沿线国家和地区之间的资金融通。近年来，我国第三方支付产业发展很快，阿里巴巴的蚂蚁金服等一批支付机构正在努力将自身打造为全球化支付的基础设施。因而，河南必须调整优化结汇方式，从政府层面调整和优化跨境电子支付体系。

当前，跨境电商的支付主要采取三种结汇方式：一是开设多个个人账户，根据我国现行的外汇管理制度，个人账户每年每人最多只能兑换 5 万美元，一些外贸电商的月营业额达数十万美元，这些企业就以亲友或员工的名义开设多个个人账户，变相提高外汇结算总额度；二是通过地下外汇中介处理外汇问题；三是利用国内个别地区不限制结汇额度的特殊外汇政策结汇。据业内人士估计，跨境电商企业中大部分资金以正规的渠道在境内结算，剩余部分则自行消化，其原因既有外汇管制的影响，也有企业通过灰色方式偷避税（来有为等，2014）。这说明跨境电商在结汇方面仍存在许多不规范和不便利之处，急需采取优化和便利化措施。因此，河南省应当大力支持跨境电子支付服务企业发展，允许试点支付企业办理境外收付汇和结售汇业务。外汇管理机构在接收在线交易订单、支付记录与实际通关信息并验证电商货物交易真实性后，可不将该笔交易的外汇金额记入个人客户结售汇总额，并允许支付企业集中办理付汇相关手续。

六 结束语

当前，跨境电商成为区域经济转型升级的关键领域之一。大力发展跨境电商对于河南外贸进出口是一个极大利好，既能有效化解当前外贸企业面临的订单不足、成本过高和品牌缺少的问题，又能有效地提高资本使用效率、降低风险，形成外贸竞争新优势，因此把跨境电商打造成外贸进出口的新增长点对于河南自贸区建设意义重大。这也是众多海内外电商、物流、在线支付等大型服务商、供应链企业逐鹿中原的重要原因之一。因此，为顺应国家

"一带一路"的战略需要,河南应结合区域经济的具体情况,以信息平台、商业模式、供应体系、电商主体、仓储物流、电子支付等环节的构建为切入点,着力建立覆盖营销、支付、仓储以及物流配送的跨境电商产业体系,创建跨境贸易电子商务模式下效率一流的报关、报检、结汇和退税等管理机制,为跨境电商发展创造良好环境。在河南现有的 1 个国家级电子商务示范基地、5 个省级电子商务示范基地和 2 个省级电子商务产业园的基础上,充分发挥以郑州为中心的跨境商品集散中心的电子商务产业集聚效应,带动仓储、物流等相关产业迅速发展,朝"买全球、卖全球"的方向迈进,为河南实现建成自贸区和国际商都的宏伟目标服务。

参考文献:

[1] Anderson, C. Calculating Latent Demand in the Long Tail [A]. *Proc. of the International Congress on Electron Microscopy Methods* [C], 2004, pp. 1 – 20.

[2] Asosheh, A., Shahidi – Nejad, H., Khodkari, H. A Model of a Localized Cross – Border E – Commerce [J]. *iBusiness*, 2012, 4 (2): 136 – 145.

[3] Chang G. Analysis of e – trade Strategy of ZhengzhouAirport Economy Zone [J]. *International Journal of Plant Engineering and Management*, 2014, 19 (4): 239 – 245.

[4] Chiru, A. M., Mahajan, V. Managing Electronic Commerce Retail Transaction Costs for Customer Value [J]. *Decision Support Systems*, 2006, (42): 898 – 914.

[5] He, Y., Li, J, Y., Wu, X, P. Impact of E – commerce on International Trade – based on a Iceberg Cost Model [J]. *InternationalJournal ofTrade, Economics and Finance*, 2011, (3): 175 – 178.

[6] Liang, T. P., Huang, J. S. An Empirical Study onConsumer Acceptance of Products in Electronic Markets: ATransaction Cost Model [J]. *Decision Support Systems*, 1998, (24): 29 – 43.

[7] Malkawi, H. B. E – commerce in Light of International Trade Agreements: The WTO and the United States – Jordan Free Trade Agreement [J]. *International Journal of Law and Information Technology*, 2007, 15 (2): 153 – 169.

[8] Martens, B. *What does Economic Research Tell Us about Cross – border E – commerce in the EU Digital Single Market* [R]. Luxembourg: Institute for Prospective Technological Studies Digital Economy, 2013.

[9] Mentzer, J. T., Myers, M. B., Cheung. Global Market Segmentation for Logistics Services

〔J〕. *Industrial Marking Management*, 2004, (33): 5 - 20.

〔10〕 Sacha, W. V. The WTO, the Internet and Trade in Digital Products: EC - US Perspectives 〔J〕, *journal of International Economic Law*, 2006, 9 (3): 771 - 774.

〔11〕 Subhajit, B. *Global Perspectives on E - Commerce Taxation Law* 〔M〕. Ashgate Publishing Limited, Farnham, UK, 2007.

〔12〕 Terzi, N. The Impact of E - commerce on International Trade and Employment 〔J〕. *Procedia Social and Behavioral Sciences*, 2011, (24): 745 - 753.

〔13〕 Wrigley, N., Currah, A. Globalizing Retail and the 'New e - conomy': the organizational challenge of e - commerce for the retail TNCs 〔J〕. *Geoforum*, 2006, 37 (3): 340 - 351.

〔14〕 曹淑艳、李振欣：《跨境电子商务第三方物流模式研究》，《电子商务》2013 年第 3 期，第 23~25 页。

〔15〕 常广庶：《基于电子化供应链管理的郑州航空港 E 贸易发展分析》，《郑州航空工业管理学院学报》2014 年第 6 期，第 7~12 页。

〔16〕 常广庶：《基于 SWOT 分析的郑州航空港 E 贸易发展研究》，《特区经济》2013 年第 8 期，第 132~133 页。

〔17〕 陈国：《跨境电子商务环境下物流模式探究》，《经济视野》2014，第 62 页。

〔18〕 陈旭华：《跨境电子商务人才培养模式研究：以义乌市为例》，《价格月刊》2014 年第 3 期，第 66~69 页。

〔19〕 成燕：《开启郑州跨境电商发展新征程》，《郑州日报》2015 - 10 - 22.

〔20〕 鄂立彬、黄永稳：《国际贸易新方式：跨境电子商务的最新研究》，《东北财经大学学报》2014 年第 2 期，第 22~31 页。

〔21〕 顾露露：《电子贸易——中小企业出口贸易新方式》，《理论月刊》2005 年第 2 期，第 160~161 页。

〔22〕 高凯：《跨境电商发展对集装箱运输市场的影响分析》，《商》2015 年第 13 期，第 244 页。

〔23〕 方馨、王敬：《我国跨境电商物流存在的问题及对策分析》，《智富时代》2015 年第 3 期，第 130 页。

〔24〕《郑州航空港经济综合实验区发展规划（2013~2025 年）》，《国家发展和改革委员会》2013.

〔25〕 郭晓合、赖庆晟：《上海自贸区跨境电子商务创新发展研究》，《北华大学学报》（社会科学版）2015 年第 4 期，第 27~28 页。

〔26〕 侯席培、王致仪、王伊：《基于我国跨境电子商务税收问题的研究》，《国际经贸探索》2015 年第 5 期，第 226 页。

［27］黄永江、韦继强、韦念妤：《关于构建我国跨境电子商务及支付外汇业务管理体系的研究》，《区域金融研究》2013 年第 6 期，第 44～49 页。

［28］柯飞帆：《电子商务环境下国际贸易运营趋势问题的研究》，《科技与经济》2006年第 2 期，第 57～60 页。

［29］来有为、王开前：《中国跨境电子商务发展形态、障碍性因素及其下一步》，《改革》2014 年第 5 期，第 68～74 页。

［30］李森：《国内支付机构互联网跨境支付业务发展问题浅析》，《中国电子商务》2013 年第 7 期，第 26～27 页。

［31］李峰：《跨国电子商务的关税政策选择研究》，复旦大学硕士学位论文，2010。

［32］李金芳等：《M2B2C 跨境电商出口模式的产业功能及实现：以中国（杭州）跨境电子商务综合试验区为例》，《中共杭州市委党校学报》2015 年第 5 期，第 91～92 页。

［33］李金龙：《义乌跨境电商保税物流平台的探索》，《中国流通经济》2015 年第 7 期，第 30～34 页。

［34］刘娟：《小额跨境外贸电子商务的兴起与发展问题探讨》，《对外经贸实务》2012年第 2 期，第 91～92 页。

［35］刘兰：《我国中小企业实现国际贸易电子化的模式与路径研究》，西南财经大学硕士学位论文，2011。

［36］卢大钊：《浅议电子商务对国际贸易的影响》，《黑龙江对外经贸》2010 年第 3 期，第 66～67 页。

［37］马珂：《电商大佬逐鹿中原 2012 年河南企业网络销售额逾 30 亿》，《经济视点报》2013 年 1 月 24 日。

［38］马玉洁：《物流企业信息化建设的策略研究：以河南省为例》，《生产力研究》2011年第 3 期，第 124～125 页。

［39］乔地：《郑州跨境电子商务改革：1 年 0.9 万票到 1 天超百万票》，《科技日报》2015 年 4 月 10 日。

［40］尚静：《中小型外贸企业发展跨境贸易 B2C 出口业务分析》，《企业经济》2015 年第 5 期，第 76～77 页。

［41］王灿：《电子商务对国际贸易的理论冲击与现实挑战》，东北财经大学硕士学位论文，2007，第 3～5 页。

［42］王大贤、邱继岗：《网上跨境支付外汇管理问题研究》，《南方金融》2009 年第 8期，第 47～48 页。

［43］王建强：《浅论电子商务对国际贸易发展的推动作用》，《经济论坛》2013 年第 9

期，第124～125页。

［44］ 王明宇、廖綦：《我国跨境电商的主要问题和对策研究》，《中国商贸》2014年第33期，第77～79页。

［45］ 王蒙燕：《中小外贸企业应用跨境E贸易发展研究》，《企业经济》2014年第11期，第81～82页。

［46］ 王秋欣：《郑州成新丝路上的新引擎》，《郑州日报》2015年2月11日。

［47］ 王文娟：《基于SWOT分析的跨境电子商务支付问题研究——以山西省为例》，《现代经济信息》2015年第15期，第341页。

［48］ 王杏平：《快速发展的跨境电子商务与第三方支付管理探究》，《区域金融研究》2013年第12期，第67～70页。

［49］ 王外连、王明宇、刘淑贞：《中国跨境电子商务的现状分析及建议》，《电子商务》2013年第9期，第23～24页。

［50］ 韦继强：《我国跨境电子商务及支付业务管理体系构建》，《中国经贸》2013年第2期，第61～62页。

［51］ 吴以：《我国跨境电子商务及支付业务管理体系构建探讨》，《现代工业经济和信息化》2015年第13期，第8～9页。

［52］ 傻娜：《我国跨境电子商务贸易平台模式探讨》，《中国流通经济》2015年第8期，第70～72页。

［53］ 徐金丽：《外贸B2C电子商务环境下的物流配送模式比较》，《黑龙江对外外贸》2011年第8期，第79～80页。

［54］ 徐勇：《大力发展跨境电子商务打造"互联网＋"新兴产业》，《港口经济》2015年第7期，第27～28页。

［55］ 严圣阳：《PayPal对我国第三方跨境支付的启示》，《中国外资》2014年第6期，第370～371页。

［56］ 杨坚争、刘涵：《我国不同规模企业跨境电子商务应用状况调查分析》，《当代经济管理》2014年第1期，第25～29页。

［57］ 杨玲、吴根宝：《生产性服务贸易出口的结构模式与中国策略》，《改革》2012年第9期，第95～104页。

［58］ 曾楚宏、王斌：《产业链整合、机制调整与信息化驱动》，《改革》2010年第10期，第62～67页。

［59］ 张旭：《电子商务对国际贸易的影响》，《财经科学》2007，第112～113页。

［60］ 张建平、王默儒：《跨境电商：中国经济变革新引擎》，《互联网经济》2015年第Z1期，第22～23页。

［61］张磊：《我国跨境电商发展现状及对天津港的启示》，《港口经济》2015 年第 2 期，第 23～26 页。

［62］张南雪：《浅谈跨境电子商务对我国外贸企业的影响》，《现代商业》2015 年第 4 期，第 116～117 页。

［63］张夏恒、马天山：《中国跨境电商物流困境及对策建议》，《当代经济管理》2015 年第 5 期，第 51～52 页。

［64］张建国、王浩：《海关视角下跨境电子商务的税收政策选择》，《海关与经贸研究》2014 年第 1 期，第 107～110 页。

［65］赵大成、见曼曼：《基于跨境电子商务的分析研究》，《商》2015 年第 16 期，第 112 页。

［66］赵广华：《破解跨境电子商务物流难的新思路：第四方物流》，《中国经贸导刊》2014 年第 26 期，第 16～17 页。

［67］赵振杰：《郑州跨境贸易电商产业链基本成形》，《河南日报》2015 年 8 月 30 日。

［68］中国电子商务研究中心：《2012 年度中国电子商务市场数据监测报告》，中国电子商务研究中心，2013。

［69］中国互联网络信息中心（CNNIC）：《第 34 次中国互联网络发展状况统计报告》，http://www.cnnic.cn，2015。

附表　政策台账

政策		来源	牵头部门
1. 进一步完善河南大通关服务平台建设	（1）继续完善"单一窗口"的平台建设，强化大通关协作机制	杭州综试区	郑州航空港实验区管委会
	（2）进一步简化通关流程	其他综试区	郑州海关
	（3）优化平台的综合服务功能，发挥集聚效应	创新	郑州航空港实验区管委会
2. 创新跨境电商监管体系		创新	省人大、省出入境检验检疫局、郑州海关
3. 构建跨境电商的智能物流体系	（1）加强信息技术应用，建立智能物流网络	杭州综试区	省物流协会
	（2）加快本土物流业跨境发展	创新	
	（3）提高物流管理水平	创新	
	（4）积极推动跨境供应链物流体系的建设	创新	

续表

	政策	来源	牵头部门
4. 逐步建立完善的跨境电商信用体系	（1）建立企业网上信用	创新	省整顿和规范市场经济秩序领导小组办公室
	（2）进一步完善法律法规	其他综试区	省人大
	（3）建立信用评估机制	创新	省整顿和规范市场经济秩序领导小组办公室
	（4）建立信用奖惩机制	创新	
5. 完善跨境电商人才培养机制	（1）构建以市场需求为导向的系统性、分层次的人才培养体系	创新	省教育厅
	（2）打造专业师资团队	创新	
	（3）引进中高级人才，建立中高级人才培训基地	创新	
	（4）推进跨境电商实践教学共享平台的建设与应用	创新	
6. 推动跨境电商企业的信息共享	（1）加强企业信息化建设，确保跨境电商信息流、资金流和物流的通畅	杭州综试区	省工业和信息化委员会
	（2）加强跨国合作，实现跨境电商的供应链信息共享	创新	
7. 调整优化跨境电子支付体系		创新	省政府金融服务办公室

自贸试验区背景下现代物流业发展研究[*]

王小丽　金　真　王永刚　刘卫锋

刘海斌　周旭东

摘　要： 当前，我国经济发展步入"新常态"，着眼于保持中高速增长和迈向中高端水平的"双中高"目标。在新的形势下，以自贸区建设为突破口的开放型经济快速发展。自贸区的建设既给物流业带来了千载难逢的发展机遇，也使物流业面临更大的挑战。

本报告在中国（河南）自贸区申建背景下，重点研究河南物流业应如何适应自贸区发展的要求，助推自贸区的建设。本报告共分为七部分，第一部分对国内外自贸区物流发展的相关研究成果进行总结；第二部分对国内外自贸区物流发展经验进行总结；第三部分提出中国（河南）自由贸易试验区物流业发展定位，即以国际物流为抓手，发挥空港、铁路港、公路港优势，建立基于航空港的内陆自贸区，打造区域物流枢纽和供应链节点，服务"一带一路"战略；第四部分主要从4

---

* 本报告是中国（河南）自由贸易试验区工作领导小组办公室研究课题的最终研究成果。执笔人：王小丽、金真、王永刚、刘卫锋、刘海斌、周旭东。王小丽，女，硕士，郑州航空工业管理学院教授，航空经济发展河南省协同创新中心研究员。金真，女，1963年生，教授，河南航空经济研究中心、航空经济发展河南省协同创新中心常务副主任、管理科学与工程学院物流管理教研室主任，主要研究领域为供应链与物流管理、航空物流。王永刚，男，1967年生，教授、高级工程师、注册监理工程师，郑州航空工业管理学院物流管理学科带头人、现代物流研究所所长，主要从事物流管理、产业经济方面的科研教学工作。刘卫锋，郑州航空工业管理学院教师。刘海斌，男，1983年生，博士，郑州航空工业管理学院教师。周旭东，郑州航空工业管理学院教师。

个方面分析自贸区建设对河南省物流业发展的影响，即自贸区建设会带动国际物流的大发展，郑州跨境电商将带动物流业的快速发展，自贸区建设会促进区域物流协同发展，自贸区建设会促进物流金融、供应链服务等领域的创新发展；第五部分对照全球物流绩效指标，剖析了自贸区背景下河南物流业发展存在的主要问题，可概括为海关通关效率有待提高，物流基础设施薄弱，物流集聚效应不强，航空货运量不足，物流服务质量不高，缺乏物流公共信息协同平台，货物追溯体系不健全，综合运输体系不完善，多式联运衔接不畅，区域物流的辐射带动能力不强几个方面；第六部分针对上述问题，借鉴国内外自贸区物流发展的成功经验，结合河南省实际，提出了相应的解决策略，主要包括完善物流保税通关政策，构建多式联运体系，突出郑州特有的配套集疏综合竞争优势，加强物流设施设备建设，发展跨境电商物流，打造国际物流中心，建设物流公共信息协同平台，打造"互联网＋"时代现代物流生态系统，打造国际航空物流枢纽，提升物流服务质量，培育大型物流集成商几个方面，并提供了具体的实施措施；第七部分为总结。

河南自贸区属于内陆型自贸区，该自贸区的申建为河南省物流业的发展带来了很大的机遇，同时也对物流业尤其是对河南发展国际物流提出了更高的要求，应充分发挥政府、行业协会、企业各方的作用，统筹规划，协同发展，推动河南物流业的快速健康可持续发展，支持河南自贸区的申建工作。

关键词：自由贸易试验区；现代物流业；国际物流；多式联运

一　相关研究成果总结

综合相关文献，国外对自贸区物流的研究起步较早。荷兰自贸区属于海港型，世界第一大港鹿特丹港通过定期的国际班轮航线成为早期的国际航运中心；新加坡樟宜机场整个航空货运中心被划定为自由贸易区，占地26公顷，区内允许入驻企业自由移动、组合、储存和重新包装货物，无须报关，在货物离开航空货运中心时才进行例行的海关和安全检查，自由贸易区的建立满足了客户的个性化需求，给机场带来了大量货源，提高了设施的利用率，极大增强了航空货运枢纽机场的综合竞争力；美国路易斯维尔－杰斐逊自由贸易区完善的交通运输系统为开展对外贸易提供了便利，目前该区已形成现代物流产业、加工产业的集聚效应，拥有骄人的经济业绩（郭永辉，2014）。当区域性自贸协定（FTA）已经成为世界贸易自由化的风向标，冲击着WTO、APEC等传统贸易框架时，历时5年之久的跨太平洋伙伴关系（TPP）谈判即将达成最终协定。未来，在经济全球化背景下，通过区域性自贸区物流体系、全球供应链体系促进全球价值链、供应链合作，提高区域内供应链绩效指数（丁俊发，2014），推动经济创新发展成为各国的关注点。

国内也有一些学者对自贸区及其现代物流进行研究。陈可炎（2012）提出天津港要向自由贸易港区转型，同时也指出自由贸易港区的运行机制应当以为贸易、投资提供便利为核心；许正平（2014）以2012年福建省统计数据为基础，运用SPSS19.0统计分析工具，建立自贸区申请背景下区域物流能力评价指标体系；付强等（2015）结合厦门港口物流发展现状对我国港口物流发展状况进行分析，利用调查法和数据分析法来研究自贸区背景下厦门港口物流发展对策；柯颖等（2012）关注区域性自贸区物流产业，开展了CAFTA框架下广西北部湾经济区物流产业发展战略研究；刘杰（2013）针对上海自贸区航空物流存在的问题与制约因素，针对上海自贸区下航空物流发展战略的制定提出了建设性意见；吴砚峰（2012）强调了物流标准对提升CAFTA物流水平的重要性；杨云鹏（2014）针对上海自贸区空港物流综合信息云平台的需求分析、架构示意、基本功能开展研究；曹平（2014）强调了自贸区物流业在实现自身发展的同时，也给该区域原有的物流法律体系带来挑战并提出完善要求；宋现允（2012）开展了基于贸易导向的我国国际物流体系规划研究；钟洁（2013）进行了中国－东盟自贸区优化国际贸易物流产业的研究；陈玉荣（2014）强调要从国际区域经济合作的视角研究新丝路物流战略；黄卫平（2015）认为输油输气管道、跨境高速公路、高速铁路、信息网络、飞行航路是新丝路的主要载体，其中，飞行航路是新丝路的空中通道。众多的内陆城市以新丝路为新载体，以空中通道、空港建设为新支点，寻找实现大转型、大超越的发展路径（刘迎秋，2014）。西安西咸空港新城开始了第四代国际空港城建设、郑州－卢森堡"空中丝路"已经开通（李凌，2014）。何黎明（2015）强调自贸区作为"一带一路"经贸合作的重要载体，将以国际物流为抓手，构建区域物流大通道和节点网络，促进区域内产业承接与转移。

综合国内外学者对自贸区物流及国际物流的主要研究成果，我们得出以下结论。

（1）自贸区物流研究早期集中于海港、空港、建设规划、通关政策等方面，后期集中于国际贸易物流产业、区域性自贸区物流体系、全球供应链体系等方面。自贸区型空港物流发展政策可为郑州申报内陆型自贸区提供借鉴。

（2）基于沿海、沿边贸易导向对我国国际物流体系的研究较多，从自贸区角度对内陆型贸易园区航空物流的研究还非常少见，目前国内还没有在全球供应链体系自贸区背景下对内陆型自贸区现代物流业定位、体系、国际物流协同、政策体系、综合平台等方面的研究，更缺乏内陆自贸区"一带一路"区域物流大通道和节点网络研究。

二　国内外自贸区物流发展经验总结

（一）新加坡自贸区

新加坡自由贸易园区由机场物流园、樟宜机场空运中心组成。2012年5月，世界经济论坛（WEF）公布每两年编撰一次的促进贸易指数排名，指数评比包括市场准入、海关管理、运输与通信基础设施、商业环境四项大指标，新加坡拿到前三项第一名，总体状况稳居首位。数据显示，自由贸易区内货物的卸货时间为4~6个小时，大型快递公司如UPS、FedEx等，货物从卸货到运出仅需1小时。

新加坡自贸区物流始终保持竞争力的关键在于增加基础设施建设投资并不断更新技术。新加坡目前的集装箱年处理能力为3500万标准箱，水深为16米。但是，新加坡自贸区对此仍不满足，2012年新加坡港务集团（PSA）宣布将花费35亿新加坡元（约合28.5亿美元）扩建西南部的帕西班让港口，项目完成后新加坡集装箱年处理能力将上升至5000万标准箱，能够提供最深 18 米的泊位以容纳更大的集装箱船舶。

　　新加坡政府在科技应用方面投入大笔资金，建设 EDI 贸易网络系统和港口网络系统，使之成为政府监管机构、航运公司、货运代理和船东之间有效、无纸化和便捷的沟通渠道。在新加坡自贸区内，信息通信技术被普遍使用，一艘 3000 个标准箱的货船的周转时间约为 6 小时。

　　一方面，新加坡政府通过税收优惠、提供各项教育和在职培训来支持物流业发展，并成功地将运输、仓储、配送等物流环节整合成"一条龙"服务；另一方面，新加坡的自贸区管制较少，政府只起引导作用，充分发挥企业的活力，新加坡海关管理透明，税制清楚，通关效率很高。

（二）仁川自贸区

　　仁川自贸区是包括仁川港自贸区和仁川机场自贸区在内的综合物流通道，总面积约 132.8 万坪（1 坪≈3.31 平方米）。其中仁川港自贸区占地约 69.8 万坪，由内港、第四码头腹地和一期仁川集装箱码头三部分组成；仁川机场自贸区占地约 63 万坪，主要由航空货运区和机场物流园区构成。

　　目前，仁川机场自贸区航空网络发达，客货运增长稳定，正在向航空城转型。仁川国际机场有一个大型的货运综合区，货运综合区一共有 6 个货运航站楼、5 个独立的货仓、36 个停机位以及行政办公楼。每一个货运航站楼都可以提供货机所需的各种基础设施及服务，还拥有一个约 3500 平方米的货仓。这个货运综合区目前的容量为每年 380 万吨，到第二阶段工程结束后能达到每年 490 万吨。截至 2013 年，有 700 多家物流运营商选择落地仁川自贸区，其中包括国际货运巨头敦豪（DHL）、大韩航空、三星物流等。敦豪、泛韩物流和三星物流已将仁川机场作为其洲际物流集配枢纽。可以说，自贸区巩固了仁川机场在东北亚乃至更大范围内的货物枢纽地位。

　　仁川国际机场的物流园区吸引了多家物流服务供应商，仁川国际机场使用的海关系统（UNI－PASS）可以在很大程度上简化通关手续，实现无纸化通关，节约时间成本，通关时间只有短短两分钟。仁川机场独特的地理位置、简便的通关手续和一系列优惠政策使越来越多的国际型物流企业入驻物流园区，将仁川国际机场打造成理想的东北亚物流枢纽中心。

　　自贸区用税收和土地方面的优惠政策吸引企业入驻。例如，进驻园区的外资企业根据不同行业和投资规模，在今后 5～15 年内可享受减免税收及土地使用费等优惠政策；积极鼓励货运航空公司入驻或拓展新货运航线；不断完善机场物流配套设施，提升物流服务水平，提高物流效率，降低物流成本；等等。同时，发达的信息平台也极大地提高了清关效率。

不过，与外国企业进驻园区的各种优惠政策相比，韩国本土企业入驻园区却会受到一定限制。例如，外国企业入驻自贸区并无规模大小的门槛，但由于仁川机场自贸区内很多土地已被规划为绿化用地，如果有韩国企业打算在自贸区内设立工厂，其面积必须小于 500 平方米。为改变这一局面，韩国政府打算变更仁川机场自贸区内的绿化用地为工业用地，以保障国内信息和半导体等尖端技术领域的企业也能顺利入驻。

（三）香港自贸区

香港在自由贸易政策方面除为履行国际义务及维护香港安全对贸易实行必不可少的管制外，对进出口贸易、旅游、空运、外国人使用港口和机场均不加限制。外来船舶免办进港申请及海关手续，关检及卫检手续简便，物流体系极为畅通。

20 世纪 90 年代，香港通过投资兼并等方式创建了联系全球的物流网络，并建立了一流的运输设施。香港拥有世界最大的集装箱港口，其港口物流的基础设施建设投入大、起点高、设备先进，机构运作简捷高效。

香港国际集装箱堆场计划、协调和监督实现自动化，堆场电脑系统存有每个集装箱的详尽资料，提供多种查询、报告及分析工具，协助管理集装箱储存。该系统随时可以提供码头上最多9万个标准箱的准确位置。这些先进技术加快了集装箱车在码头的周转，提高了物流效率。

香港自由开放，基础设施高效，边境管理运作良好，政府努力打造有利于国际贸易和投资的商业环境。香港在"世界经济论坛"2012 年主要国际贸易中心城市所在国家或地区贸易便利化指数排名中位列第二，显示了香港国际贸易的优良环境。

（四）上海自贸区

中国（上海）自由贸易试验区目前实施"一线放开，二线安全高效管住"的政策，但并没有像中国香港和新加坡管制那么少。上海码头为政府所有，这和上海与其他两地的经济体制不同有关。

上海市物流基础设施建设具有一定规模，浦东开发区开放以来，累计投入 2000 多亿元，布局洋山港、浦东国际机场和外高桥港区等多个枢纽，海运、空运、铁路运输和高速公路运输快速发展，打造了上海较为完善的交通运输体系，上海先进的空港和海港是其典型代表。

上海市政府深化"大通关"建设，自贸区电子商务物流已有良好发展，依托信息化平台，推动物流数字化、高效化发展，建有完善的光缆等通信基础设施。在原来的外高桥保税区已建成国际国内直拨电话、传真和电传在内的基础设施，可提供 DDN 数据专用网、高速 Internet 接入、服务器托管、宽带数据网接入、ISP 国际互联网增值业务服务等信息服务。在海关方面，上海积极发展电子商务通关平台，提升通关效率。

（五）广东自贸区

广东自贸区包括南沙、前海蛇口和横琴三个片区，广州南沙新区重点发展航运物流，深圳前海蛇口片区重点发展现代物流。在深圳前海深港现代服务业合作区产业准入目录中，现代物流业包括：①供应链管理服务；②国际船舶代理服务；③国际船舶运输服务；④贸易经纪、代理与服务；⑤航运交易、航运经纪与航运咨询服务；⑥国内道路、水路运输及辅助业务；⑦铁路运输服务；⑧单证管理、物流结算等服务；⑨物流信息系统开发与应用；⑩物流标准化的研究与应用；⑪现代物流技术的开发与应用；⑫物流公共服务平台建设与应用；⑬基于电子商务的物流配送与快递服务；⑭全球集拼分拨系统研发及运营管理；⑮航空器、航材交易服务；⑯保税展示、保税交易等保税物流服务；⑰第三方物流服务；⑱与电子商务结合的商业服务。2015 年 11 月，一批来自日本横滨的货物进入前海，在前海蛇口自贸区检验检疫部门报检成功。这是深圳第一批以"海运直航"方式进口的跨境电商商品。前海蛇口片区设立"华南（前海）海事物流仲裁中心"，打造前海海事物流服务国际化形象，推动深圳市成为国际海事、航运和物流中心，以便为深圳市湾区经济发展发挥更大作用。

广东自贸区拓宽粤港澳合作领域的一大亮点是船舶业。目前交通部对广东自贸区专门出台了相关政策，对国际船舶运输业务增加了外商投资的比例，其中对港澳企业更加大开放力度，明确港澳企业可以设立投资企业。船舶业在世界各国都有严格限制，不会轻易开放，广东自贸区对港澳企业的开放程度甚至超越了某些发达国家。

（六）福建自贸区

近日，中国（福建）自由贸易试验区工作领导小组办公室印发了《关于支持福建自贸试验区跨境电商、保税展示交易、转口贸易、商业保理等重点业态发展的若干措施》（闽自贸办〔2015〕11号），福建省商务厅《关于支持福州、平潭开展跨境电子商务保税进口试点十二条措施的通知》（闽商务电商〔2015〕10号），提出的福建自贸区发展现代物流方面的主要措施有：①推广实施进出境邮件"移动式"通关模式，试点海运快件进出境业务，加快邮件、快件查验场所建设，支持通过邮路、快递发展跨境零售业务；②深化福建省与阿里巴巴战略合作，推动天猫国际、支付宝、菜鸟物流等平台与平潭跨境通等平台对接，争取尽快使福建企业在第三方平台上的交易、支付、物流数据落地，对从邮路渠道直接寄送出口商品的中小经营主体，允许其通过银行或有资质的第三方支付机构办理收结汇；③争取设立海铁联运监管中心，吸引中西部地区和周边地区的货物选择福建省港口转运出境，吸引跨国企业设立商品跨国采购中心、出口集运中心、进口分拨中心、转运配送中心；④对年支付EMS、邮政小包、UPS等国际物流费用达200万元以上的福建省跨境电子商务企业，按其国际物流费用的10%给予补助，最高不超过50万元，对在自贸区内设立的跨境电子商务集散配送中心和展示交易中心，场地面积超过3000平方米的，按购买或租用场所（仓库）费用的30%给予补助，单个企业最高不超过100万元；⑤支持公共平台建设，对海关跨境贸易电子商务监管平台统计的年进出口交易额超过500万元的电子商务交易平台（企业），按交易额5%给予奖励，最高不超过100万元；⑥奖励跨境通道拓建，支持拓建经由中国台湾进出口的跨境电子商务通路，对通过福建省口岸经中国台湾年收发海运或空运快件10万件以上或年收发邮件2000吨以上的福建省跨境电商或物流企业，给予最高不超过100万元的奖励。

（七）天津自贸区

天津自贸区面向华北、东北、西北地区，其影响辐射环渤海、京津冀地区，对天津成为北方经济中心和北方国际航运中心的定位目标具有引擎作用。天津自贸区重点发展航运物流业。天津东疆保税港区坐落于天津港东北部，南临主航道，为浅海滩涂人工造陆形成的三面环海半岛式港区，面积 10 平方公里，是天津港乃至天津自贸区的重要组成部分。作为北方第一大港，天津港近年来发展迅猛，据统计，2014 年货物吞吐量突破 5.4 亿吨，集装箱年吞吐量超过 1400 万标准箱；2015 年货物吞吐量或将突破 5.6 亿吨，集装箱吞吐量将超过 1800 万标准箱。随着港口规模的扩大、船舶大型化的发展和港口吞吐能力的倍增，集装箱港口之间的竞争重点已经从单纯的吞吐能力转向对内陆腹地市场的拓展。天津港货物来源主要集中在京津冀、山西、内蒙古等地，但其辐射范围基本涵盖占中国面积 52% 的 14 个省份。目前，天津港集装箱航线总线达到 120 条，内陆无水港总数增至 25 个，天津港港口作业能力已比肩国际最高水平。

综上所述，新加坡、仁川、香港等自贸区的成功经验可概括为：①政府制定有利于自贸区物流发展的政策法规，简政放权，努力营造自贸区发展的良好环境。由于物流的各项作业隶属于交通、工商、税收等管理部门，政府除了应该在政策上予以支持外，还应该在自贸区确立统一的主管部门，理顺管理思路，创新监管体制，努力形成企业运营、政府管理的格局，充分发挥市场调节机制，真正体现建立自贸区的意义；②整合物流集群，提高通关效率，利用优惠政策将外资吸引到自贸区内，促进自贸区健康快速发展；③积极推动物流信息化建设，推广 EDI、GPS 技术系统在物流业的应用，加速物流业与信息技术的融合，积极发展电子商务物流；④结合自贸区的定位及本身特点，重视物流基础设施及配套设施的建设与完善；⑤增加物流方面的教育、培训经费，培育高水平的物流人才队伍。

国内已有四大自贸区的发展还处于起步阶段，上海自贸区重点是建立上海国际物流枢纽，海运、空运、铁路运输和高速公路运输快速发展，建立了较为完善的交通运输体系，深化"大通关"建设，依托信息化平台发展数字化物流，自贸区电子商务物流发展良好。广东自贸区重点是打造国际商品中转集散中心，成为华南地区国际航运中心，其不同片区物流发展重点不同。广州南沙新区重点发展航运物流，深圳前海蛇口片区重点发展现代物流，以"海运直航"方式进口跨境电商商品。前海蛇口片区设立"华南（前海）海事物流仲裁中心"，打造前海海事物流服务国际化形象。福建自贸区是大陆与台湾经济合作的示范区，重点是有序扩展沿线的物流业务，作为 21 世纪海上丝绸之路重要物流枢纽对接台湾，在通关模式、平台对接、海铁联运监管中心的设立、利用补贴措施降低国际物流费用、建立奖励机制等方面推动自贸区物流的发展。天津自贸区是目前北方唯一的自贸区，服务于"一带一路"战略，依托京津冀的协同发展，重点发展港口物流，建设航运中心。

河南自贸区物流的发展可以借鉴但不能完全照搬其他自贸区的发展模式，应根据自贸区的物流需求特点，结合河南实际，发挥郑州、洛阳、开封三地的优势，打造依托空港的内陆自贸区。

三　中国（河南）自由贸易试验区物流业发展定位

河南设立自贸区既为物流业的发展提供了良好的发展机遇，也给物流业带来诸多挑战。河南设立自贸区物流市场环境分析如表 1 所示。

表 1　河南设立自贸区物流市场环境分析

优势： (1) 河南现代物流发展迅猛 (2) 国家物流相关政策的出台与河南省政府的高度重视 (3) 郑州航空港经济综合实验区的建设，河南大口岸及郑州跨境电商初成，先行先试政策等为物流业的快速发展创造了条件	劣势： (1) 物流供需结构性矛盾较为突出 (2) 物流技术应用水平不高，专业物流人才缺乏 (3) 河南物流业发展的专业化程度、行业集中度与国际物流行业差距较大
机会： (1) 河南自贸区的建立给物流业带来了前所未有的发展空间 (2) 郑州航空物流的发展，提升了河南服务全国物流的能力 (3) 物流业已是支撑河南经济增长的重要力量之一，备受重视	威胁： (1) 改变河南现代物流业的资源整合现状 (2) 河南现代物流业的区域辐射能力、国际物流能力有待增强 (3) 各种运输方式之间衔接不畅，多式联运协同体系待完善

结合实际，河南自贸区应以国际物流为抓手，发挥空港、铁路港、公路港优势，建立基于航空港的内陆自贸区，打造区域物流枢纽和供应链节点，服务"一带一路"战略。

四　自贸试验区建设对河南省物流业发展的影响

自贸区建设对河南省物流业发展的影响主要体现在以下几方面。

（一）自贸区建设会带动国际物流的大发展

自贸区建设会促进国际贸易和货运吞吐量的大幅增加，通关便利化是自由贸易区效果最为显著的先行先试政策，可以为物流企业节约通关时间，降低通关成本，加快互联互通，为完善国际物流网络创造基础条件，以此促进国际物流的大发展。

海关提供的数据显示，随着河南口岸功能的日趋完善，不仅省外企业到河南来报关的数量急剧增加，以前到省外报关的河南企业也在迅速回流。2015年前3个季度，省外企业在河南省口岸报关进出口248亿元，增长41.7%，占河南省口岸进出口总量的10%。另外，随着口岸通关服务环境优化，省内企业报关出现回流趋势。2015年前3个季度，省内企业在河南口岸报关2227.2亿元，增长36.1%，占河南企业在全国口岸报关量的71.9%，这一现象表明，越来越多的河南企业正回流至本省进行报关进出口业务。

因此，河南自贸区的建设必将带动国际物流的大发展。

（二）郑州跨境电商将带动物流业的快速发展

跨境电商涵盖贸易、平台、物流、金融、服务等多个环节。目前，郑州保税物流中心跨境"E贸易"日处理量已超过百万包。截至2015年10月25日，郑州跨境贸易电子商务服务试点共备案商品107629种，其中备案进口商品106643种，出口商品986种；实现进出口货值29.37亿元；累计有971万人通过郑州试点网购进口，收件人分布在关境内的所有省份；出口业务收件人则分布于73个国家和地区，前5位是英国、美国、法国、加拿大、日本。同时，河南本土的世界工厂网已成为全国最大的装备制造业B2B外贸平台，而许昌的人发制品利用海外仓模式成功开拓北美、南非等地的零售市场，并且成为全球最大的发制品生产基地。

从郑州海关的统计来看，河南省共备案企业795家，其中，电商企业363家，电商平台262家，配套服务的支付企业35家，物流企业19家，仓储企业 86 家，报关企业 30 家——郑州跨境贸易电子商务产业链已经基本成型。综合跨境 B2B、海外 O2O、海外仓、跨境 B2C 等跨境电商的发展模式在河南均有快速发展。

有专家预测，作为全国跨境电子商务首批六个服务试点城市之一，郑州的跨境电子商务产业起步早、发展较快，到 2017 年跨境电商成交规模有望超过 1000 亿元。郑州将成为新的商都——跨境电商之都。

自贸区建设会促进跨境电商的飞速发展，这必将使物流需求迅猛增长，带来服务贸易整体环境的改善，并将促进物流业与国际接轨。加快国际物流中心建设将带动运输、分拨、仓储、快递、供应链等一批专业化物流企业发展壮大。

（三）自贸区建设会促进区域物流协同发展

河南自贸区的建设，必然对多式联运体系提出更高的要求。郑州作为全国重要的铁路枢纽，航空货运的陆路运输衔接优势在国内称得上"独一无二"。当前，郑州已开通全货运航线 23 条、"米"字形高速铁路网正在加快建设，加上国家公路运输枢纽的地位，陆空对接、内捷外畅的多式联运体系正在逐步健全。2013 年，郑州铁路局和郑州交运集团联合启动了公路铁路多式联运合作，实现多种物流方式"无缝对接"，突破"最后一公里"瓶颈，从而提高物流效率，降低企业物流总成本。

从 2013 年 7 月 23 日开通卡车航班至今，郑州机场已经开通了到北京、天津、青岛、西安等城市的卡车航班。为进一步完善"大物流"格局，机场将充分利用卢森堡国际货运航空公司（以下简称"卢货航"）的先进经验和独特优势，发展仓储及地勤操作业务，推动卡车航班分拨及冷链物流等产业的发展，打造航空货物"门到门"快速运输系统。

河南口岸发展速度惊人，在短短两年时间里，进口水果、进口冰鲜水产品、进口汽车整车、进口肉类的口岸相继启用，2015 年 4 月海关总署又批复同意河南设立多式联运海关监管中心，实现航空、铁路和汽车运输在口岸的无缝对接，郑州同时也成为全国拥有指定口岸最多的城市。以建设郑州国际航空枢纽、国际陆港和特定口岸为抓手，河南省已经初步形成了陆空高效衔接、区港联动、多式联运的综合口岸体系和立体开放格局。河南电子口岸正式上线运行后，初步形成了集通关、物流、商务服务于一体的大通关信息平台。这必将为区域物流的发展打下坚实的基础。

自贸区作为"一带一路"经贸合作的重要载体，将充分发挥对外开放优势，以国际物流为抓手，构建区域物流大通道和节点网络，促进区域内产业承接与转移、商贸交流与繁荣，推动区域内物流的协同发展。

（四）自贸区建设会促进物流金融、供应链服务等领域的创新发展

河南自贸区首先要复制上海自贸区"21条"，其中金融创新方面的政策有6条：①取消境外融资租赁债权审批；②做好跨国公司外汇资金运营管理；③取消对外担保行政审批；④人民币跨境使用相关政策；⑤部分银行分行级以下机构和高管准入事项由事前审批改为事后报告；⑥允许符合条件的金融租赁公司在境内外设立子公司。这些政策的实施及河南省金融服务创新体系的建设，必将推动河南物流金融的进一步发展，同时将促进供应链服务等领域的创新发展。

五　自贸试验区背景下河南物流业发展存在的主要问题

自贸区背景下，河南物流业将以国际物流为主，而国际物流涉及运输、综合运输、仓储、报关、国内配送和支付系统等众多领域，单一指标很难归纳各个阶段的情况，这使得建立全球基础上的信息搜集系统以评价某国或某地区的物流绩效十分困难。尽管与重要的物流过程（如到港时间、清关时间及运输情况）相关的时间和成本信息多数情况下容易获得，但是即便信息完备，由于不同国家或地区间供应链结构存在差异，全球统一的数据库也难以建立。最重要的是，许多物流绩效的关键因素，如过程的透明性、质量保证、可预测性以及服务的可靠性，都不能通过简单的数据库有效获得。鉴于此，世界银行组织在国际货运业协会、全球快递业协会、全球贸易促进合作署以及 Turku 经济学院的共同支持下，创新提出物流绩效指数（LPI）以帮助各国或地区积极进行物流改革，增强其国际竞争力。

LPI 是世界银行 2007 年从推进全球贸易便利化的角度推出的用以衡量世界各国物流发展水平的指数。该指数描述了被调查国家的贸易物流情况，并且指出是哪些因素导致不同国家间物流表现的巨大差异。LPI 涉及 6 个分

项指标，如表 2 所示，采用 5 分制评分，数值越高则绩效越优。目前，LPI
是衡量一个国家或地区内物流水平及其参与全球供应链能力的指数。

表 2　LPI 的 6 个分项指标

LPI	指标描述
海关效率	海关及边境控制机构在通关过程中的效率，如通关速度、程序的简化性及手续的可预测性等
物流基础设施质量	贸易和运输相关基础设施如港口、铁路、公路等的建设情况，及信息技术如电子商务应用技术的普及与应用水平
物流服务能力	运输商及报关行提供优质物流服务的能力
国际运输便利性	安排有价格竞争力出货的难易程度
货物可追溯性	跟踪和追溯货物的能力
货物运输及时性	货物在预定时间交付的能力

在 LPI 的六个指标中，海关效率、物流基础设施质量及物流服务能力 3
个指标主要对应供应链的输入方向；而国际运输便利性、货物可追溯性、
货物运输及时性 3 个指标代表全球供应链绩效中的时间、成本及可靠性，对
应供应链结果的绩效。这 6 个指标相辅相成，完整地描述了整个国际物流
环节。

LPI 无法通过统计数字得到，它根据全球性调查的结果确定。LPI 是首
个用来对 150 余个国家和地区的跨国物流绩效进行综合测评的指标。2007
年，来自 100 多个国家在国际物流领域从事一线业务的 800 个运输公司和快
递公司参与了网络调查。调查要求答卷者从海关和其他边境部门审批过程
的效率、物流交通和 IT 基础设施的质量、安排国际运输的便利性和可承受
力、当地物流企业的能力、国际货物的可追溯性和可跟踪性、国内物流
（运输）成本、货物到达目的地的及时性 7 个方面对从其工作国向 8 个贸易
伙伴国运送货物的便捷性进行评价。问卷还要求答卷者从直接货运成本、
交通与 IT 基础设施质量、在提供物流运营商所需物资服务方面的竞争力、
进出口审批程序绩效、能对物流绩效产生影响的实践范围、趋势 6 个方面对
其工作国在物流绩效、支持物流业务的环境和机构的运输经验进行评价。
LPI 由世界银行每两年发布一次，2012 年参与的有 155 个国家和地区，排名
第 1 的是新加坡，我国排第 26 位。2014 年参与的有 160 个国家和地区，排

名第 1 的是德国，我国排第 28 位。我国 LPI 的排名属于全球第二梯队，居于 LPI 得分为 3 分以上的 51 个国家和地区的中间位置，高于其他金砖国家。中国 LPI 具体情况如表 3 所示。

表 3　中国 LPI

LPI	2012 年	2014 年
海关效率：海关和边境管制机构清关的效率	3.25	3.21
物流基础设施质量：贸易和运输基础设施的质量	3.61	3.67
物流服务能力：物流服务的竞争力和质量	3.46	3.50
国际运输便利性：安排具有竞争性价格货运的便利性	3.47	3.46
货物可追溯性：追踪和追溯货物运输的能力	3.52	3.50
货物运输及时性：货物运输在既定或预期时间的到货率	3.80	3.87
LPI 得分	3.52	3.53
全球排名	26	28

因此，本报告对照 LPI 指数，从供应链角度，结合河南实际，对河南自贸区物流问题进行梳理，找差距、提措施，使河南自贸区实现更快发展，与世界更好地接轨。

在自贸区背景下，河南物流业发展存在的主要问题可概括为以下几方面。

（一）海关通关效率有待提高

在自贸区背景下，河南国际物流的发展将备受关注。国际物流的主要内容是组织货物在国际合理地流动。这种物流方式中有一个不可忽视的重点就是货物在国家间流动的时候，必须经过国家的"大门"——"海关"，并且需要办理一系列手续才能继续流动。货物通关效率高，则货物可以快速通过"海关"这个节点；货物通关效率低，则货物在进出口港口滞留的时间就长。货物通关效率的高低并不简单地取决于海关作业速度的快慢，而取决于包括海关、港口、商检、货主在内的多个部门协调程度和整个系统效率的高低。但海关通关效率也直接影响物流的速度和效率，因此，如何提高河南海关通关效率是自贸区建设要考虑的重要问题。

（二）物流基础设施薄弱，物流集聚效应不强

郑州航空枢纽的建设带来了产业的集聚，郑州机场成为不断集聚优势

资源的平台。马云带来了"云计算"，卢货航带来了"飞机维修"，酷派、天宇、创维等16家智能手机企业纷至沓来，友嘉精密机械产业园等48个项目相继签约……高端制造业、航空偏好产业及与航空物流配套的金融、保险等高端服务业纷纷"落户"郑州航空港。产业集聚也对物流提出了更高的要求。

河南物流基础设施薄弱，物流园区、物流中心、货运场站等基础设施功能尚不健全，定制化、高标准仓库设施欠缺，设施布局有待优化，物流集聚与辐射效应尚未充分发挥。

（三）航空货运量不足，物流服务质量不高

随着卢货航的成功运行，卢货航全球的业务会逐步向郑州集聚，河南航空货运量将逐步上升。卢货航的航空物流配套设施能够满足食品物流、医药物流、冷链物流等的仓储及运输要求，当地两大卡车公司可实现与欧洲各地高速公路的无缝对接，将航空货物通过公路运往欧洲8个中转枢纽、177个目的地。

目前河南航空物流发展还处于初级阶段，随着郑州机场第五航权航线的开行，郑州机场集疏、调整货物的能力将不断提升，但由于航空相关产业发展缓慢，航空货运量不足，不能实现规模效应。

在自贸区背景下，河南物流业将以发展国际物流为主。目前，河南物流业整体发展水平较低、中大型物流企业较少，零散的小型物流公司居多，不能适应自贸区发展的需求。物流企业国际竞争力弱、国际物流专业人才缺乏、物流服务质量较低，这些都制约了物流业的发展。

（四）缺乏物流公共信息协同平台，货物追溯体系不健全

在自贸区背景下，郑州跨境电商的快速发展对物流服务提出了更高的要求。国际贸易量不断扩大，需要强大的物流信息平台作为支撑。另外，货物追溯范围也将扩大，对货物追溯技术及系统建设的需求加大。目前，河南的公共服务能力跟不上需求，物流公共信息协同平台亟待建立与完善。

（五）综合运输体系不完善，多式联运衔接不畅

随着郑州航空港经济综合实验区的建设及河南自贸区的申建，河南综合运输体系不断完善，多式联运不断发展。2014年12月3日，郑欧班列首趟国际邮包试验班列从郑州铁路集装箱中心站启程，这标志着从河南发出

的国际邮包结束了58年来只能"天上飞"或者"海上漂"的历史,首次实现"海陆空"国际多式联运。

自贸区的发展需要强大的综合运输交通体系的支撑。目前,河南省综合运输体系不完善,海铁联运、公铁联运、空铁联运等多式联运所占比例不高,集疏港条件欠缺,铁路优势没有充分发挥,多式联运不能高效衔接,对实现一站式、一体化物流服务极为不利。具体表现在以下几个方面。

1. 缺乏统一的管理协调部门

航空、铁路和公路分属民航办、铁路局、交通运输厅管理,存在部门分割、政出多门等问题,不利于实现协调、高效、一体化的联合运输。管理体制分割已成为制约河南多式联运发展的一个重要因素。

2. 基础设施尚未实现一体化衔接

河南自贸区的发展,需要构建"铁、公、机"三网联合的多式联运体系,实现运输链路畅通。目前,郑州航空港实验区虽然规划了与公路、铁路、地铁等衔接的设施,但是缺乏集成公路、铁路、地铁的现代化综合客运枢纽和物流园区,基础设施衔接还未实现客运的"零换乘"和货运物流的"无缝衔接"。

3. 信息技术落后

信息系统不完善,导致部门之间、各运输环节之间信息传递不及时。目前,航空、公路、铁路都有各自的信息系统,但都没有开放接口,共享的信息也不够,如正晚点、剩余票数等信息尚未开放,GPS、EDI、RFID等现代信息技术应用较少,导致货物追踪不及时、可靠性较低。

4. 标准化的载运工具应用不足

使用集装箱装载货物可直接在发货人的仓库装货,运到收货人的仓库卸货,中途更换车、船时无须将货物从箱内取出换装。对于联运货物,特别是需经由港口装卸的水运方式的货物,使用集装箱可大大提高中转效率,因而集装箱在全球范围得到广泛应用。郑州地处内陆,集装箱运输比例较低,多式联运还处于起步阶段,陆路、水路运输采用的集装箱与航空专用集装箱标准不一致,阻碍了标准化装载单元的推广。

(六) 区域物流的辐射带动能力不强

对于我国来说,河南地处交通要道,交通便利,适合物流产业的发展。

但是从国际视角看，河南处于中国的中心，受海陆运输的共同影响，不利于与外国进行贸易往来。沿海城市是发展国际业务较好的选择，有利于国际运输业的发展，而且国外发展贸易一般会选择靠近海洋的城市和地区，其凭借优越的地理位置，有利于贸易的进行。地理位置的制约是河南发展国际物流的障碍。目前，河南自贸区内外物流网络及腹地的物流网络连接不畅，物流大通道与服务网络尚未形成，区域物流的辐射带动作用有限。

六　自贸试验区背景下河南现代物流业发展策略

（一）完善物流保税通关政策

自贸区背景下河南现代物流业的发展，应完善物流保税通关政策，主要可以从以下几个方面入手。①一线进境货物"先进区、后报关"，企业可将货物提入仓库后，再整理资料向海关备案申报，既提高申报准确性，又能节约时间，降低物流成本。②区内货物流转自行运输，对自贸区内企业，可以使用经海关备案的自有车辆或委托取得相关运输资质的境内运输企业的车辆，在自贸区内自行结转货物。③加工贸易工单式核销，明确规定对实行海关联网监管并符合一定条件的企业，全部取消单耗管理核销模式，实行以每日工单数据为基础的核销模式。④融资租赁海关监管制度，允许承租企业分期缴纳租金，对融资租赁货物按照海关审查确定的租金分期征收关税和增值税。⑤简化统一进出境备案清单，将自贸区内不同海关监管区域内的两种备案清单格式整合为统一的 30 项要素的格式。这一新政策的实施，实现了规范简捷申报，减轻了企业负担，提高了进出境通关效率，也促进了海关特殊监管区域一体化运作。⑥批次进出、集中申报，有利于扩大企业申报自主权，大幅减少企业申报次数，加快企业物流速度，有效降低通关成本，为自贸区内企业开展"多批次、小批量"进出口业务提供了很大便利。同时，也方便企业开展保税展示、保税维修、外发加工等业务，提升企业竞争力。⑦仓储企业联网监管，实施"系统联网＋库位管理＋实时核注"的仓储物流海关监管模式，对货物进、出、转、存情况做到实时掌控和动态核查。⑧保税展示交易，允许区内企业在向海关提供足额税款担保（保证金或银行保函）后，在区外或区内指定场所进行保税货物的展示及交易。⑨智能化卡口验放，对卡口操作环节进行了简化，对卡口设施进行升级改造，以实现自动比对、自动判别、自动验放，缩短车辆过卡时间，提升通关效率。此外，还应提高海关的作业速度，提高包括海关、港口、商检、货主在内的多个部门的协调程度和整个系统的效率，进一步提升通关效率，加快物流运输，提升自贸区的竞争力。

（二）构建多式联运体系，突出郑州特有的配套集疏综合竞争优势

目前河南多式联运的关键问题是多式联运资源各自为政，各种运输方式分工不合理、远未真正实现"无缝衔接"。能力不匹配、规则不统一、信息不共享、网络不健全、主体不明确、政策不到位等诸多问题需要解决，政府应积极支持空港、公路和铁路多式联运发展，进一步增强地区集聚辐射功能。具体可采取以下措施。

1. 建立统一的管理部门

为构建便捷、顺畅的综合运输管理体系，急需省政府牵头改革行业管理体制，将航空、铁路、公路纳入一个部门统一管理，以减小阻力、尽快缓解多头管理的弊端。一方面，可以通过改革管理体制，实现多种运输方式的集中统一管理，结束多头管理局面，在投资、建设、管理方面做到综合效益最大化，真正实现多种运输方式"一盘棋"；另一方面，可以考虑设立专门的综合交通运输管理机构，统筹协调各运输方式的发展，审核铁路、公路、水运、航空等行业发展规划，建立民航、铁路、公路管理部门的定期会商机制，制定信息共享制度和多式联运政策制度，协调联运过程中各方利益，促进多式联运发展。

2. 创新发展联运方式，建立多式联运的长效机制

积极探索多式联运体制、机制创新，不断提高联运效率。增建异地候机服务中心网点，在服务中心为乘客办理领取登机牌、海关申报、行李托运等业务，提高外地乘客候机便利性，增强郑州机场对周边市、县级城市的吸引力，合理建设异地航站楼。增强机场与高铁站的衔接，建成通往郑州东站、郑州南站的快速铁路，推行空铁联运服务，乘客购买一张联票则提供高铁站与机场之间的免费摆渡。大力发展卡车航班，充分利用飞机和卡车自身的优势，通过"一站式"通关服务扩大郑州机场货运覆盖范围。

长效机制能够在市场经济条件下形成长期稳定的合作机制，一些示范项目试点工作缺乏成效，原因之一就是没有长效机制。建立评价体系是长

效机制的关键，评价多式联运是否做好，客户最有发言权。多式联运最终展现给客户的是贯通式的全程服务，要实现就必须做好硬件设施的合理衔接。

3. 建立交通运输信息资源共享机制

为打破各运输方式的信息和制度壁垒，可以在协调国家民航总局、国家铁路局、国家铁路总公司的基础上，研究建立河南省交通运输信息共享标准规范，以开放的数据接口建设开放的信息平台，实现运单/票务、正晚点/货物追踪等信息共享，建设统一的电子数据交换标准，研究货物追踪技术和标准，实现货物全程追踪，开放联运业务办理数据接口，为多式联运人提供开放、公平的发展环境。要提高运行效率，解决各环节的智能决策和智能调度问题，真正实现即时、动态、开放、集成的信息资源共享机制。

4. 加快建设一体化的运输枢纽

按照适度超前的原则，继续积极推进大型航空枢纽建设，加强水、陆、空交通衔接，构建网络完善、设施先进、运行高效、支撑有力的航空货运集疏系统。积极建设郑州机场综合交通中心，实现客运"零距离"换乘。加快建设第二跑道和第二航站楼，积极开展关于建设货运专用跑道的研究。加快航空货运仓储设施建设，完善快件集中监管中心、海关监管仓库等设施，全面提升郑州机场航空货运保障能力，加强与国内外大型枢纽机场合作，发展货运中转、集散业务。以郑州机场为核心，加快建设辐射八方的铁路、地铁和公路网络，构建衔接顺畅的运输枢纽，为发展多式联运奠定基础。

5. 陆空联运装载单元标准化建设

对于货物联运，采用集装箱等标准化装载单元可有效减少装卸时间、提高转运效率，但航空运输存在运价高、载重量有限等特点，需采用专用集装箱，适用于铁路、公路的国际标准集装箱无法在航空运输中使用。为提高转运效率，需研究采用陆空联运集装箱，充分调查郑州航空港的货机机型，并与铁路、公路运输企业协调，推广适用于联运的集装箱。

6. 支持多式联运承运人发展

多式联运承运人可以积极主动地与各方衔接，实现优势互补，最终为顾客提供"高速、高效、高质"的"门到门"服务。要改变长期以来形成的条块分割、自成体系、片面竞争的局面，需采用市场的手段发展多式联运。要实现各运输方式在合作中发展、在竞争中合作，尤其需要多式联运承运企业从中协调。因此，应鼓励不同运输方式企业间开展合作，通过企业联盟、合资经营、合并重组等形式整合各自的技术、人才、资金和渠道，开展多式联运。

（三）加强物流设施设备建设

航空货运架起空中桥梁拉近河南与世界的距离，高铁网络将郑州与内陆连为一体。《郑州航空港经济综合实验区发展规划》明确提出，推动建设一批布局合理、功能完备、集疏便捷的综合性场站和设施，提高转运综合服务能力，建设完善的高铁货运基础设施，积极发展高铁快递业务，加强空陆联运设施建设。

在自贸区背景下，河南在物流设施设备的建设方面主要应注意以下几点。

1. 完善物流枢纽建设

郑州市物流枢纽包括圃田铁路集装箱中心站、东部铁路货运站、东部铁路集装箱中转站，其主要职责包括铁路零担运输、整车运输以及集装箱转运等。自贸区的建设将对其提出更高要求，因此必须加强物流枢纽建设。以往我国东部基本港与内陆地区的物流链由于距离较远且货运班次较少而并不顺畅，这提升了调运时间和成本，而如果在中部地区构建调运枢纽，则可以形成东部基本港与内陆地区之间的联系，并有效地提高调运效率。由于郑州市位于我国集装箱中心站分布的核心位置，所以在郑州市建设调运枢纽具有明显优势。通过在郑州打造物流调运枢纽，可以有效地提高郑州国际物流园的竞争力。

2. 完善空港物流设施建设

空港物流区既是郑州国际物流服务的主要功能承载者，也是国内航空物流与国际航空物流业务开展的重要枢纽。因此，航空港物流区将成为郑州物流产业发展中的重要驱动力与支撑点。为了发挥航空港对郑州市物流产业的推动作用，郑州市可以围绕航空港构建空铁联运货站，并实现和国际集装箱中心站的对接。同时，构建为空港提供服务的公路物流港，实施郑州新郑国际机场总体规划和航空物流规划，完成郑州新郑国际机场二期工程，完善货机停机坪、仓储场站等物流配套设施建设，推进北货运区规划建设，加快建设国际快件集中监管中心、海关和检验检疫监管仓库，推动中外运空港物流枢纽、传化物流、三菱普洛斯等重点项目建设。

3. 构建物流货源交易平台

在自贸区背景下，国际、国内贸易量必然会大幅增加。为了优化国内物流的本地配送与区域划拨，郑州市有必要构建一个具有全国性质的货源交易平台，开展货源交换、货源分包等业务来提高物流效率。郑州市在具备一个完善的物流货源交易平台后，将吸引更多的物流企业以及货主集聚于郑州并产生规模效应，推动区域物流的快速发展。

（四）发展跨境电商物流，打造国际物流中心

在自贸区背景下，河南物流业要快速发展，就必须建立国际化物流网络，完善航线网、铁路网、公路网，强化与上海、卢森堡、吉隆坡等国内外主要物流节点城市的对接，形成陆空衔接、网络覆盖、节点支撑的现代物流发展格局。

目前，跨境电商的主要物流方式包括 B2B（传统集装箱海运）、B2C（邮政小包裹、全球快递等），其瓶颈主要包括运输时间长、物流成本高、物流环节多、逆向物流难、退货成本高、手续烦琐、售后服务维权壁垒多等。跨境电商国际物流运作流程一般包括揽收货物、出口国境内物流、出口国清关、国际物流、进口国清关、进口国物流等。跨境电商国际物流作业环节包括接单、收货、仓储、分类、编码、理货、分拣、转运、包装、贴标、装卸以及商检、国际结算、报关、纳税、售后服务、退换货物流等。整个流程及其作业涉及多个国家与地区、多家国际物流企业。鉴于此，应加强跨境电商国际供应链中不同国家和地区各物流节点上企业间的协同，强化其协同意识，推动跨境电商物流网络的协同。

同时，河南还应注重与国内其他自贸区及周边经济区域物流网络的协同。例如，在与天津的合作中，天津提出了构建世界港口以及北方航运中心的目标，并强调推动航运等业务的国际化与规模化发展。同时河南省的许多进出口企业都与天津港有良好的合作基础，强化与天津港的合作，有利于河南物流业务向中西部腹地拓展，因此，在郑州国际物流发展过程中，有必要构建良好的腹地与港口合作机制，并构建完善的区域物流网络，同时鼓励本土物流企业参与网点拓展工作。

因此，应统筹规划，协调各方，实现海铁联运、公铁联运、空铁联运等多式联运的无缝对接，完善多式联运保障机制，开展多式联运物流监管中心试点，创新陆空货物联运联检监管模式，推动郑州机场、郑欧班列、高速路网联合配套集疏，打造国际物流中心，融入全球物流网络。

（五）建设物流公共信息协同平台，打造"互联网＋"时代现代物流生态系统

按照"互通、共享、整合、协调、创新"的思路，大力支持空港、陆港、综合保税区、保税物流中心协同发展，加速电子口岸信息平台、物流公共信息协同平台的建设，通过"互联网＋""三高速物流"（航空、高速公路、高铁）实现建设大枢纽、发展大物流目标。

可以通过成立联合工作小组形成定期碰头协调会议制度，强化信息沟通和工作联动，协商解决物流公共信息协同平台构建的重大问题。可通过政策引导、资金引导等方式积极推动相关部门开展区域物流公共信息平台的建设和互联，促进跨区域物流信息交换；可沟通、协商相关的部门、大型企业，衔接河南平台与其他区域的信息平台、电子商务平台，促进跨部门或跨行业的物流信息交换；可沟通、协商其他周边地区物流主管部门，衔接河南平台与其他省份的物流信息平台，促进跨省界的物流信息交换，建立贸易、物流、金融、保险的协同服务体系。

在自贸区背景下，河南省在推进物流公共信息协同平台建设时应注意以下几点。

1. 加大物流先进信息技术的应用

针对目前河南省物流先进信息技术应用不足的问题，可以大力加强 EDI、RFID、GPS 等技术的应用。利用 EDI 技术可以实现物流服务链不同主体之间信息的快速、准确传递，实现信息的跨系统、跨行业、跨地区标准化电子传输；利用 RFID 技术，货主、运营商及监管部门可以实现对货物分拣、运输及车辆监管、物流园区仓储管理、配送等各环节信息的及时查询和动态管理，达到信息共享，实现一体化物流服务；通过 GPS 技术可以实现货物在运输过程中的全程跟踪，提供门到门服务，提高物流企业的服务水平及客户满意度。总之，采用先进的物流信息技术，能将物流服务链的各成员信息有效整合，进而达到无缝衔接，实现全球物流相关信息的交换和共享。

2. 完善物流公共信息协同平台功能

物流公共信息协同平台的建设应分为三个层次，即公共服务层、管理功能层和基础设施层。公共服务层是物流信息平台的最高层次，具有物流信息平台门户的功能；管理功能层是有效整合物流信息资源的关键，既能实现航空运输、货代、地面操作、地面运输、货物跟踪、仓储配送等各类物流活动的信息服务功能，又能实现商检、报关、保险、税收、支付等各类交易活动的信息服务功能；基础设施层主要包括信息平台的硬件设施和相应的软件系统。物流公共信息协同平台的建设应充分考虑各方需求，充分整合信息资源，实现协同效应。

3. 加强物流信息标准化建设

信息孤岛问题是物流服务链企业之间存在的严重问题，它使链条不同环节之间无法实现信息的互联互通，信息不能及时、快速传递。物流公共信息协同平台的建设可以有效地解决信息孤岛问题。物流信息标准化建设涉及基础标准、技术标准、工作标准及管理标准等各个方面，是一项系统工程。物流信息标准化是实现信息协同的基础和关键，因此，要加强物流信息标准化建设。

"互联网＋"被纳入国家战略，它代表了一种新的发展形态，即充分发挥互联网在生产要素中的优化和集成作用，又将互联网创新活动深度融合于经济社会各个领域中，提升实体经济的创新力和生产力，形成更广泛的以互联网为基础设施和实现工具的经济发展新形态。"互联网＋"战略的重点是实现以云计算、物联网、大数据为代表的信息技术与现代制造业的融合创新，发展壮大新兴产业，打造新的产业增长点，为大众创业、万众创新创造有利环境，为产业智能化提供强大支撑，增强新的经济发展后劲，促进国民经济提质增效。

"互联网＋生态物流"旨在推动互联网与物流融合，增强物流业创新能力，加速提升物流业发展水平，构建物流信息共享互通体系，建设深度感知的智能仓储系统，完善智能物流、绿色物流配送体系。

要打造"互联网＋生态物流"战略需要强调以下几点。①物流信息的互联互通。"互联网＋"高效物流基于信息数据的互联互通，这需要我们利用互联网信息集聚的优势，构建各类物流信息平台，并通过数据的交流加工使之成为社会化的公共物流信息服务平台；优化社会物流资源配置，实现更大范围互联互通、物流信息共享以及物流、商业流、信息流资金化的应用目标。②智能物流。信息化智能装备技术将得到大范围推广应用，物联网、大数据、云计算的新一代信息技术在物流设施和物流管理方面也将不断渗透融合。③绿色物流。站在互联网的角度去看信息化、标准化，只有生产企业、商业企业、政府管理部门、物流企业全面配合才能真正实现生态物流，要抓住低碳、效率、服务三个抓手，在物流过程中抑制物流对环境造成的危害，实现对物流环境的净化，使物流资源得到最充分的利用。

（六）打造国际航空物流枢纽，提升物流服务质量

近年来，郑州航空港在"货运为先，国际为先"的国际航空物流枢纽发展战略指引下，在国际货运航线数和货邮吞吐量上都已位居中部六省第一。在国际国内的航空物流业领域逐步获得了一定的影响力和品牌效应，货物集散能力不断提高，辐射半径不断扩大。然而，与中国香港、迪拜、安克雷奇、孟菲斯等航空物流业发达地区相比，郑州航空港的差距依然很大，因此急需从以下几个方面打造国际航空物流枢纽，提升物流服务质量。

1. 加大航空货运基础设施的投资力度

相较中部地区的武汉、西安、长沙等城市，郑州无论是经济总量还是开放程度都较弱。面对周边省市迫切发展临空经济的激烈竞争，郑州航空港应该找准打造国际航空货运枢纽的战略定位，加大航空货运基础设施的投资力度，力争快速形成以郑州为枢纽中心，辐射内陆的多式联运体系。现在，郑州机场二期工程正在如火如荼的建设之中。这一集航空、公路、高铁、地铁、城际铁路于一体的现代化综合交通枢纽，将为未来郑州客货运发展奠定坚实的基础。郑州机场二期建设规划到2020年货运吞吐量设计目标为50万吨，这一目标势必会促进机场后续货邮能力的提升。此外，机场规划虽然实现了客流的零距离换乘，但是对物流的设计规划依然需要进一步完善。

2. 引进大型航空货运企业，完善航空货运网络

世界航空运输业的发展历史经验表明，所有国际枢纽机场至少要有一

家强大稳健的本地航空公司作为支撑，如中国香港机场的国泰航空、新加坡樟宜机场的新航、英国希思罗机场的英航、迪拜机场的阿联酋航空等。目前，郑州航空港区已经入驻40多家国际国内物流企业、14家货运航空公司，开通全货机航线23条，全货机周航班80多班。郑州机场应该加大对卢森堡货运航空的投资和整合力度，尽快将郑州机场纳入其全球货运网络，打造卢森堡货运航空和郑州机场的亚欧双枢纽战略。同时，郑州机场应该鼓励更多航空公司落户郑州，开通货运航线，进一步完善全球航空物流网络。

3. 扶持快递企业在郑州设立分拨中心，推动郑州成为国际航空快件集散中心

从世界快递业的发展历史可以看出，国际航空快递巨头往往会在全球选择枢纽机场布局其货物集散中心，并且带动地方经济快速发展。例如，联邦快递将总部基地设在美国孟菲斯机场后，带动了制造业、物流、银行及医疗服务业在当地的聚集，吸引来自22个国家的130多家外资企业落地，每年为当地贡献约220亿美元的产值。近年来，我国快递业随着电子商务的迅速发展迎来了快速增长期，以中国邮政速递为代表的国有和以"三通一达"为代表的民营快递企业快速扩张。展望未来，随着跨境电子商务这种新兴国际贸易方式的发展，国际快递业将会迎来新一轮快速发展期。我国许多地方政府敏锐地看到快递业的快速发展趋势，都在积极引进国内外知名快递企业入驻。目前，联邦快递在广州白云机场设立其境外最大的转运中心，UPS在上海设立了亚太转运中心。内地城市西安、武汉、郑州、长沙都在为引进快递企业进行激烈竞争。郑州虽然在机场设施建设、货运航线布局、管理体制创新等各方面抢得先机，但必须时刻保持危机意识，进一步制定相关优惠政策，在税收、用地、通关、停机位等各方面为航空快递公司提供服务便利，加大力度引进和扶持国内外知名快递企业在郑州设立分拨中心，尽快构建形成以郑州为国际国内航空快件枢纽中心，集空空联运、陆空转运为一体，辐射全国的轮辐式快件转运网络。

4. 加大机场管理体制机制创新，打造高效运营的现代化货运机场

机场在航空物流服务链中发挥关键作用，郑州机场可以借鉴世界发达地区现代化货运机场的运行经验。例如，处于冰天雪地中的安克雷奇机

场，充分利用其连接亚洲、美洲和欧洲的中转枢纽位置，根据世界航空货运市场变化及时改变经营战略，通过打造优秀的基础设施、收取极具竞争力的服务费用、提供最优惠的航空用油等各种手段，吸引了全球 60 余家航空货运公司在此中途加油或转运货物。中国香港机场是世界最繁忙的机场，由于高效优质的运营多次获得"最杰出货运机场"称号。香港机场将多项航空货运相关业务以特许经营权的方式批给不同企业运营，引入竞争机制促使其服务质量不断提升，同时有效解决机场基础货运设施建设的投融资难题。

我国机场的地面服务基本上都由基地航空公司和机场垄断经营。郑州机场应该在管理体制和机制上创新，积极引进几家优秀的第三方航空物流企业以合资或特许经营的方式共同经营机场地面业务。这既可以快速获得融资，大力改善落后的物流设施，又可以打破国有企业垄断，引入竞争机制，不断提升机场地面服务质量。

综上所述，建立健全郑州机场与国内外枢纽机场的运行协调联动机制，要拓展国际地区货运航线，大力发展"空空中转""空地接驳"的联运业务，并通过发展航空相关产业促进航空货运量的稳定增长。

（七）培育大型物流集成商

1. 物流企业应利用河南自贸区的优惠政策，快速壮大自身

（1）对国内的物流企业而言，在金融领域，自贸区的总体方案要求自贸区加快金融制度创新，鼓励企业充分利用境内外两种资源、两个市场，实现跨境融资自由化，这给物流企业提供了多种融资途径，能够运用国外的资本发挥杠杆效应。在税收领域，自贸区实施促进投资的税收政策，如规定注册在自贸区内的企业或个人股东可在不超过 5 年的期限内分期缴纳所得税，这一政策可以减轻一些物流企业在创业初期的税收负担，将更多资本投资到自身的发展壮大上。另外，自贸区对融资租赁企业实施的进出口税收优惠政策，也会催生更多物流设备和船舶飞机租赁企业，为物流业的发展提供硬件保障。此外，河南自贸区也会促进跨境电子商务服务的进一步发展，因而跟电商相关的国际物流快递企业也将得到快速发展。

尤其是对自贸区内的物流企业而言，自贸区的成立还有助于提升这些企业的转型升级。在自贸区内，一些贸易限制被取消关税也有所降低，加

上便利的进出口通关政策，这些措施将直接降低商品流通成本，加快自贸区内外的物资流通速度，相应物流量也会大幅增加。因而，有巨大货运需求的自贸区需要多种货运业务的支撑，如流通加工、仓储物流等，而在多元化的货运业务需求下，物流企业需要开展多样化的物流服务，完善各类物流设备，以满足自贸区内不同企业的需求，这样才能在"内外夹击"中赢得自己的一席之地。

（2）对国外的物流企业而言，自贸区对外商企业实施的各项优惠措施也吸引其纷纷前来投资。例如，自贸区规定对外商投资试行准入前国民待遇，并且允许符合条件的外国投资者自由转移其投资收益，这有利于外商的物流企业和国内物流企业享受同等的待遇、进行公平的竞争，也可以充分保护它们的财产所有权和转移支配权，并且随着跨国公司营运中心或分拨中心在自贸区的建立，许多国外的第三方物流公司也纷纷跟进，它们必将为市场提供更具有竞争力的物流支持服务。

2. 实施"大集团"战略

郑州市有必要引导本土物流企业提高自身在货物分拨与中转方面的吸引力。郑州市收费站可以对一些运输车辆实行包月收费制度，并对周边地区经过郑州市的国际货物运输企业给予一定的奖励，同时可以通过提高报关效率以及推动物流服务与设施的优化来吸引货源在郑州集聚。

全方位扶持河南大型物流企业的发展壮大，大力扶持建设一批具有中国自身特质的第三方物流跨国集团巨头。与国外物流企业相比，国内物流企业实力较弱，物流业必须实施"大集团"战略，走兼并重组的道路，通过强强联合、以强并弱实现资源的优化和重新组合，积极扶持有发展前景的股份制物流企业上市，借助国内外资本市场的资金发展国际物流业，批准境外投资者以中外合资、中外合作的方式投资物流业，发展一批在国内、国际两个市场都有很强竞争力的物流大企业集团、跨国公司，全方位对接"一带一路"发展战略。

建立健全大型物流集成商培育引进机制，争取敦豪、联邦快速、丹马士等国内外大型物流集成商在郑州机场设立营运基地或分拨中心，强化与其相对应的国际集疏基地的连接。

上述发展策略概括起来如表4所示。

表 4　自贸区背景下河南现代物流业发展策略

策略	具体措施	提出的依据
完善物流保税通关政策	（1）一线进境货物"先进区、后报关" （2）区内货物流转自行运输 （3）加工贸易工单式核销 （4）融资租赁海关监管制度 （5）简化统一进出境备案清单 （6）批次进出、集中申报 （7）仓储企业联网监管 （8）保税展示交易 （9）智能化卡口验放	复制上海自贸区
构建多式联运体系，突出郑州特有的配套集疏综合竞争优势	（1）建立统一的管理部门 （2）创新发展联运方式，建立多式联运的长效机制 （3）建立交通运输信息资源共享机制 （4）加快建设一体化的运输枢纽 （5）陆空联运装载单元标准化建设 （6）支持多式联运承运人发展	河南自贸区物流的发展需要高效的多式联运体系的支撑，而河南目前多式联运衔接不畅，是制约自贸区物流高效发展的瓶颈
加强物流设施设备建设	（1）完善物流枢纽建设 （2）完善空港物流设施建设 （3）构建物流货源交易平台	借鉴仁川自贸区经验，河南自贸区应加强物流枢纽及空港物流设施建设
发展跨境电商物流，打造国际物流中心	（1）加强跨境电商国际供应链中不同国家和地区的各物流节点上企业间的协同 （2）推动跨境电商物流网络的协同 （3）推动郑州机场、郑欧班列、高速路网联合配套集疏，打造国际物流中心	郑州作为我国首批跨境电商试点城市之一，应借助跨境电商平台促进自贸区物流的发展
建设物流公共信息协同平台，打造"互联网＋"时代现代物流生态系统	（1）加大物流先进信息技术的应用 （2）完善物流公共信息协同平台功能 （3）加强物流信息标准化建设	借鉴上海自贸区依托信息化平台推动物流数字化、高效化发展的思路，结合河南实际，提出打造物流公共信息协同平台
打造国际航空物流枢纽，提升物流服务质量	（1）加大航空货运基础设施的投资力度 （2）引进大型航空货运企业，完善航空货运网络 （3）扶持快递企业在郑州设立分拨中心，推动郑州成为国际航空快件集散中心 （4）加大机场管理体制机制创新，打造高效运营的现代化货运机场	借鉴仁川自贸区经验，结合河南航空物流的特点、机场建设实际及定位、物流企业发展现状提出

续表

策 略	具体措施	提出的依据
培育大型物流集成商	（1）物流企业应利用河南自贸区的优惠政策，快速壮大自身 （2）实施"大集团"战略	结合河南自贸区发展需求及河南物流企业发展现状提出

七　总结

　　河南自贸区属于内陆型自贸区，该自贸区的申建为河南省物流业的发展带来了很大的机遇，同时也对物流业尤其是对河南发展国际物流提出了更高的要求。河南要探索自贸区"生产＋贸易＋金融＋物流"模式的创新，特别是各种服务创新与制度创新，加快培育或引入国内大型综合物流服务商。"大物流"需要有规模、有网络、有客户、有技术、有资金的大企业去组织实现点的规模效应，织成像蛛网一样点线面有机结合的网状体来建设"一带一路"物流，推进商贸物流综合配套创新、流通创新和电子商务创新，做大做强流通。

　　要将自贸区作为一个供应链集成平台，让物流从后台保障走向前台引导，促进制造业的集聚与进出口贸易的集聚，带动各种要素市场和物流业的集聚，产流互动共同推动区域经济的发展，着眼于物流业服务生产、流通和消费的内在要求，加强物流自身资源和供应链整合，提升物流服务和供应链管理能力，增强物流业与各产业、地区经济的协同和互动发展，充分发挥物流业在国民经济中的桥梁、纽带、助推器作用。在郑州片区构建以航空物流为基础、以航空关联产业为支撑的航空港经济产业体系，在洛阳片区构建以陆铁、陆空联运为基础的高端制造产业体系，在开封片区构建以跨境电商物流、集配物流为基础的现代服务业发展体系，同时，提高自贸区空铁联运比例、国际中转比例，提高区域扩散作用，实现协同效应。

参考文献：

［1］丁俊发：《上海自贸区给物流业发展带来的机遇与挑战》，《中国流通经济》2014年第11期，第11～13页。

［2］陈可炎：《我国保税区向自由贸易港区转型的研究》，硕士学位论文，天津大学，2012，第 54 ~ 58 页。

［3］肖林：《主动开放战略与上海自贸试验区制度创新》，《文汇报》2013 年 11 月 25 日。

［4］付鑫：《中国（上海）自由贸易试验区对港口物流企业转型发展及价值影响研究》，博士学位论文，上海交通大学，2014，第 18 ~ 23 页。

［5］张锦辉：《上海自贸区的发展情况及对天津建设自贸区的影响与启示》，《经贸实践》2015 年第 6 期，第 31 ~ 33 页。

［6］许正平：《自贸区申请背景下福建省区域物流能力评价研究》，《中外企业家》2014 年第 32 期，第 15 ~ 18 页。

［7］付强、白露露：《自贸区背景下厦门港口物流的发展对策研究》，《品牌（下半月）》2015 年第 7 期，第 8 ~ 13 页。

［8］柯颖、于玲玲：《CAFTA 框架下广西北部湾经济区物流产业发展战略研究》，《经济问题探索》2012 年第 3 期，第 61 ~ 68 页。

［9］龚欢：《凭借上海自贸区平台发展跨境速递物流业务探析》，《邮政研究》2014 年第 2 期，第 11 ~ 13 页。

［10］郑丽娟：《接轨上海自贸区背景下苏州国际物流服务能力影响因素实证分析》，《物流技术》2015 年第 1 期，第 51 ~ 55 页。

［11］曹平：《中国 – 东盟自贸区物流法律体系若干问题研究》，《广西政法管理干部学院学报》2014 年第 1 期，第 41 ~ 43 页。

［12］何黎明：《自贸区下物流与供应链发展新趋势》，《中国市场》2015 年第 20 期，第 14 ~ 15 页。

［13］刘杰、王凌峰：《上海自贸区建设下如何构建航空物流?》，《空运商务》2013 年第 11 期，第 13 页。

［14］吴砚峰：《规范物流标准，提升 CAFTA 物流水平》，《对外经贸实务》2012 年第 1 期，第 113 页。

［15］沐潮：《前海深港现代服务业合作区现代物流业发展政策体系研究》，《物流技术》2014 年第 9 期，第 48 ~ 53 页。

［16］杨云鹏等：《自贸区空港物流综合信息云平台建设问题探讨》，《物流工程与管理》2014 年第 8 期，第 17 ~ 23 页。

［17］郭永辉：《航空物流理论与实践》，经济科学出版社，2014，第 11 ~ 13 页。

［18］陈玉荣、汤中超：《经济全球化背景下的"丝绸之路经济带"国际学术研讨会综述》，《国际问题研究》2014 年第 1 期，第 58 ~ 64 页。

［19］宋现允、肖凤利、张瑞申：《贸易导向下现代国际物流体系规划问题的研究》，《物流技术》2012 年第 15 期，第 8 页。

［20］钟洁：《基于中国－东盟自由贸易区优化国际贸易物流产业发展》，《物流技术》2014 年第 13 期，第 111～113 页。

［21］黄卫平：《新丝绸之路经济带与中欧经贸格局新发展——兼论跨亚欧高铁的战略价值》，《中国流通经济》2015 年第 1 期，第，71～73 页。

［22］刘迎秋：《中国经济：大转型与新支点——源自西咸空港新城的思考》，《国家行政学院学报》2014 年第 4 期，第 56～71 页。

［23］李凌：《河南－卢森堡"空中丝路"正式开通》，《东方今报》2014 年 6 月 28 日。

［24］《四大自贸区异同背后的企业战略选择——专访中物华商国际物流股份有限公司总经理刘景福》，《中国储运》2015 年第 6 期。

［25］樊秀峰、余姗：《"海上丝绸之路"物流绩效及对中国进出口贸易影响实证》，《西安交通大学学报》（社会科学版）2015 年第 3 期，第 11～13 页。

［26］周士元：《中部崛起背景下河南国际物流中心发展物流金融探讨》，《当代经济》2014 年第 22 期，第 81～83 页。

［27］《河南大口岸初成郑州正在成为跨境电商"新都"》，《河南日报》2015 年 11 月 2 日。

［28］《河南实现海陆空多式联运》，《中国水运报》2014 年 12 月 5 日。

［29］《以航空港为核心发展多式联运加快打造"四港一体"国际物流中心》，《郑州日报》2015 年 9 月 17 日。

［30］《郑州将建成国际物流中心多式联运夯实枢纽地位》，《河南日报》2014 年 6 月 30 日。

［31］刘沁源：《中国多式联运"无缝衔接"任重道远》，《珠江水运》2013 年第 20 期，第 11～13 页。

［32］方曾利、任俊学、李县伟：《郑州航空港经济综合实验区多式联运问题研究》，《公路与汽运》2015 年第 3 期，第 58～59 页。

［33］赵卉：《郑州国际物流园的发展对策探析》，《中国市场》2015 年第 7 期，第 11～17 页。

［34］庞燕：《跨境电商环境下国际物流模式研究》，《中国流通经济》2015 年第 10 期，第 15～17 页。

［35］张良卫：《"一带一路"战略下的国际贸易与国际物流协同分析——以广东省为例》，《财经科学》2015 年第 7 期，第 11～13 页。

［36］洪水坤：《闯出"互联网物流"的发展新路》，《中国储运》2015 年第 10 期，第

41～43 页。

［37］姜军：《郑州加快实施国际航空物流枢纽战略的问题研究》，《物流技术》2015 年第 5 期，第 85～88 页。

［38］罗芳、查玮：《中国（上海）自贸区、香港、新加坡自贸区物流水平的比较》，《中国集体经济》2014 年第 24 期，第 96～103 页。

［39］李拉：《将天津自贸区产业做大做强的战略构想》，《产权导刊》2015 年第 6 期，第 154～158 页。

［40］《解读：关于支持福建自贸试验区跨境电商、保税展示交易、转口贸易、商业保理等重点业态发展的若干措施》，福建自贸试验区办公室，2015 年 11 月 20 日。

［41］《福建省商务厅关于支持福州、平潭开展跨境电子商务保税进口试点十二条措施的通知》，福建省商务厅，2015 年 9 月 15 日。

［42］《广东自贸区片区功能布局出炉金融物流错位发展》，《21 世纪经济报道（广州）》2015 年 7 月 22 日。

［43］《深圳前海深港现代服务业合作区产业准入目录》，《前海门户网站》2014 年 2 月。

［44］《深圳首批"海运直航"跨境电商货物通关》，《深圳特区报》2015 年 11 月 25 日。

［45］《韩国自贸区遍地开花教训不少》，《参考消息网》2014 年 5 月 14 日。

［46］杨璐：《韩国仁川自由经济区对郑州航空港经济综合实验区建设的启示》，《决策探索》2015 年第 6 期，第 11～13 页。

自贸试验区背景下河南空港
经济发展研究[*]

郝爱民　刘春玲

摘　要：本报告以河南空港经济发展为切入点，研究自贸区对空港经济发展的促进作用，从而证明申建中国（郑州）自贸区的重大意义。在分析自贸区的本质特征以及空港经济发展动力的基础上，阐明自贸区促进空港经济发展的作用机制。以香农国际航空港自贸区、仁川经济自由区、迪拜机场自贸区等为例，分析国际空港自贸区的建设经验。通过横向比较分析，确定河南空港经济发展的制约因素。从投融资便利化、贸易便利化、物流便利化、监管便利化等方面分析自贸区给河南空港经济发展带来的机遇，证明建设空港自贸区是河南空港经济发展的有效路径。基于河南空港经济"建设大枢纽、发展大物流、培育大产业、塑造大都市"的总体战略，提出自贸区背景下河南空港经济发展的对策建议。

关键词：空港经济；自由贸易试验区；制约因素；促进作用

---

* 本报告是中国（河南）自由贸易试验区工作领导小组办公室研究课题最终研究报告。郝爱民，男，博士，郑州航空工业管理学院经贸学院教授、航空经济发展河南省协同创新中心研究员，主要研究领域为航空经济、农村经济流通与消费。刘春玲，女，硕士，郑州航空工业管理学院经贸学院副教授、航空经济发展河南省协同创新中心研究员，主要研究领域为航空经济。

一 引言

河南空港经济发展最早可追溯到 1997 年新郑机场建成，其间经历了 2007 年航空港区管委会成立，2010 年郑州新郑综保区获批，2013 年 3 月 7 日郑州航空港经济综合实验区（本报告以下简称"郑州航空港实验区"）获批。郑州航空港实验区的获批，标志着河南空港经济发展进入一个新的历史阶段。郑州航空港实验区是目前全国唯一一个国家级航空港经济综合实验区，也是河南省三大国家战略的重要组成部分。郑州航空港实验区获批以来，河南空港经济发展取得巨大的进步，突出表现为：郑州航空港区中部地区航空货运枢纽地位进一步突出，全球智能终端产业基地建设粗具规模，精密机械、生物医药、电子商务、航空物流等产业园区集聚效应开始显现，港区城市功能有效提升。在取得成绩的同时，河南空港经济发展也面临一些挑战，突出表现为：航空枢纽建设方面，郑州航空港的客货运增长速度较快，但与北京、上海、广州、西安、重庆、成都等地区相比还存在不小的差距，与国际著名航空港的差距更大，将郑州航空港建成具有竞争力的国际航空货运枢纽面临巨大挑战；在航空产业发展方面，以富士康为代表的智能终端产业发展较好，但其他产业发展相对薄弱，吸引更多的具有航空指向性的企业入驻港区，建成高端航空产业结构体系是一个巨大的挑战；城市建设方面，郑州航空港实验区始终坚持产城互动的思想，但切实实现城市建设与产业发展同步，以及郑州航空港实验区可持续发展也面临巨大的挑战。

为深化改革、扩大对外开放，2013 年 9 月 29 日，国务院宣布成立中国（上海）自由贸易试验区（本报告以下简称"上海自贸区"）。上海自贸区开启了深化改革的新窗口，并引领国内许多地区加快自贸区申建步伐。2014 年 12 月 12 日，国务院公布广东、福建、天津获批第二批自贸区。目前，包括河南在内的多个内陆地区正在积极筹备自贸区建设。中国（河南）自由贸易试验区（本报告以下简称"河南自贸区"）建设初步方案中包括郑州航空港板块，一旦河南自贸区获批，郑州航空港实验区将成为空港自贸区，实现航空港经济综合实验区、自贸区"两区叠加"。"两区叠加"的营商环境中，各种优惠政策将相互支持，形成政策合力，郑州航空港将站在对外开放的最前沿，河南空港经济将获得前所未有的发展机遇。国际著名空港经济区的发展经验表明，在空港建设自贸区将极大地促进空港经济的发展。

国内外学者对空港经济和自贸区分别进行了较为深入的研究，取得了丰硕的成果。其中，空港经济的研究集中于概念、机理、发展模式、建设规划等方面，而自贸区的研究则集中于自贸区的经济效应、国外自贸区的介绍、自贸区定义、经济效应和沿海、沿边地区自贸区发展构想等方面。在已有的研究成果中，将空港经济与自贸区联系起来，从自贸区视角研究空港经济发展的研究还非常少见。本报告将研究自贸区对空港经济的促进作用，分析河南空港经济发展的瓶颈因素，揭示自贸区建设将会给河南空港经济发展带来的重大机遇，在此基础上提出自贸区背景下发展河南空港经济的对策建议，为相关部门提供决策参考。

二　自贸区促进空港经济发展的理论分析

无论从功能定位、产业选择角度，还是从区位优势角度，自贸区都是一个与港口发展密切相关的特殊区域。在空港地区建立自贸区，实现自贸区与空港的叠加将促进空港经济的发展。

（一）自贸区的概念

1. 自贸区的定义

自贸区是由特定国家或地区的政府在所辖区域内设立的一种特殊的经济区域，它一般拥有优越的地理和交通优势，享受海关便利和特殊经济优惠政策，在功能上是以对外贸易、技术交流或相关业务为基本依托的外向型的特殊经济区域。

准确理解自贸区的概念，需要把握以下几点。

首先，作为特定国家或地区的政府部门在辖区范围内开辟的特殊经济区域，自贸区（Free Trade Zone）区别于一般跨越国界的大自由贸易区域（Free Trade Area）。

其次，作为享受海关便利和特殊经济优惠政策的区域，区内一般实行自由贸易原则。区内经济活动一般不同程度地享有税收优惠，不受配额、内外销比例等限制，商品货物不进入关税区域免收关税，因此有境内关外的特点。

最后，作为特殊经济区域的自贸区，在实践中包含多种形式，它们的共同特征在于所经营的产业都是以对外贸易、技术交流等为核心或依托来开展的。

自贸区在本质上是一种经济机制或工具，它是特定国家或地区达致特定经济目标的手段。定位准确、功能结构合理、管理规范的自贸区在经济全球化的背景下是能够发挥其综合优势，产生促进贸易繁荣与地方经济发展的效应的。

2. 自贸区特征的变化趋势

一是贸易投资便利化、自由化水平不断提升。从法律上讲，"关境之外"仅限于税收领域，但在目前的实际操作中，海关等对符合所在国法律的区内企业、人员和货物实行特殊监管政策，以最大限度地降低障碍，通过便利化和自由化促进自贸区国际竞争力的提高。另外，在海关特殊监管之外，自贸区大多给予较高程度的投资自由和金融服务开放度，基本上没有投资的行业限制，并允许货币自由兑换、资金自由进出和自由选择结算币种等。

二是特殊区域的功能日趋扩展。经济全球化背景下的国际化生产，推动全球供应链不断延伸和资源配置日趋活跃，对特殊经济区域的作用提出了新的要求。许多国家的自贸区功能由货物贸易保税中转的单一功能向包括商品展销、加工维修、物流配送、信息集散、研发创新等在内的多功能模式拓展，金融、保险、货代、租赁、咨询等增值服务也日益受到重视。自贸区的功能定位也由贸易中心、物流中心逐步向金融中心、信息中心、决策运营中心拓展，在全球贸易和投资活动中发挥的作用日益重要。

三是管理体制更具开放性。近年来，为提升本国自由贸易园区的国际地位和竞争力，各国在实施优惠政策和便利化措施基础上，对自贸区实行更加开放、符合现实发展需求的开放型管理体制。

四是更加重视港区资源整合。自由贸易园区竞争已经演变成园区群落之间的竞争。大型自由贸易园区突破国内行政区划限制，实施区港联动，对支线港、喂给港和相邻自由贸易港区进行资源整合，形成组合港以巩固其枢纽、核心作用。

（二）空港经济的概念

1. 空港经济的定义

空港经济依托机场设施资源，通过航空运输客流、物流活动，利用机场的产业集聚效应，促使相关资本、信息、技术、人口等生产要素向机场周边地区集中，在以机场为中心的经济空间形成航空关联度不同的空港产业集群，进而形成以空港指向产业为主导、多种产业有机关联的独特经济模式。

2. 空港经济出现的原因

空港经济出现的根本原因可概括为以下两个方面。

其一，经济全球化导致生产要素和产品的全球性空间位移。科学技术进步和新技术应用使得经济全球化趋势持续加强，各地区为了充分利用比较优势，获取成本最小化与利润最大化带来的利益，推动生产国际分工与协作，实现生产全球化；国际贸易范围在全球不断扩大，各国市场高度融合，世界市场得以出现且容量也逐渐变大，导致市场全球化；为实现报酬最大化，资本、劳动力和技术等生产要素在全球范围内流动，形成生产要素全球化。

其二，激烈的市场竞争带来的速度经济。在现代社会，基于市场需求的多样化和灵活化趋势，时间愈来愈显示出其独特作用，变得越来越珍贵。如果哪一个企业重视时间效应，能以最快速度、最少时间做到最大限度满足顾客需求，那么顾客就愿意付出高价，这个企业就能抢占商机而获得时间效益。速度经济强调企业对市场的变化做出快速反应，随着市场竞争激烈程度的提高，速度经济的发展趋势越发明显。

经济全球化和速度经济的大背景下，对时间高度敏感的高科技和 IT 企业开始选择航空运输作为主要的运输工具，与此同时为降低运输成本，这些企业逐渐向机场周边聚集。高科技和 IT 企业大量出现在机场周边，刺激航空货运、航空快递的进一步扩张，并对货运商以及第三方物流提供商产生极大的吸引力，航空物流园区应运而生。在时间高敏感性产品处理和分销设施被吸引到门户机场的同时，随着世界服务经济对高效率重要性认识的加强，机场已经成为吸引众多公司总部、区域办公设施以及其他专业性社团机构的磁石，这些机构有一个共同的特点，即它们的职员一般都被要求经常进行长途出差。枢纽机场的可达性和灵活性也强烈吸引着会议中心、贸易展览中心和一些购物中心。

3. 空港经济发展的动力因素

航空枢纽的区位优势、产业集聚能力、制度安排是空港经济运行的主要动力因素；区域经济发展水平是空港经济发展的宏观环境，是吸引不同要素向特定区域集聚的物质条件和经济基础；产业结构的基本情况为产业集聚提供了物质基础和方向；制度安排为空港经济发展提供可以预见的制度环境，是空港经济发展的制度保障，尤其在空港经济发展初期，具有主导作用。

以上述物质和制度条件为基础，空港经济运行最终通过产业集聚实现各要素的作用。产业链分工细化了产业内部和产业之间的生产过程，这种精细化降低了各产业的成本优势，进而提高了经济的运行效率。产业集聚是空港经济发展的内生动力，向前可以降低成本，向后可以产生规模经济效应，以技术创新和制度创新为基础引导产业结构的升级，最终促进区域经济（包括城镇经济和乡村经济）的持续健康发展。图1展示了空港经济运行机理。

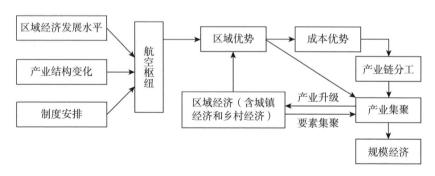

图1 空港经济运行机理

（三）自贸区促进空港经济发展的理论分析

空港经济的发展与自贸区有密切的关系，在空港地区设立自贸区将大大促进空港经济的发展。自贸区不仅会促进国际贸易的发展，还会促进各种生产要素的流动和产业的发展。自贸区为空港经济发展提供了强大动力。

1. 自贸区的对外开放性将促进空港经济的发展

自贸区是一个开放区，区内在海关监管、货物流转、金融市场、进出口管制等方面都具有高度开放的特征。自贸区的开放性集中体现在货物进出自由、人员出入自由、外汇兑换自由，这一方面大大提高了空港地区产品进入国际市场的机会和效率，另一方面使从国外进口的物资能快捷服务于空港地区经济建设。自贸区的对外开放性将促进空港经济的发展。

2. 自贸区特殊政策带来的贸易费用降低将促进空港经济的发展

自贸区作为豁免关税的特殊区域，往往还具有大量其他方面的政策优惠，区内往往还大量减免一些税收项目，同时区内的土地使用、厂房租用、水电供应等也多有费用上的优惠措施。这些在很大程度上能够降低商品贸易、加工制造的费用支出，自贸区的政策优势为空港经济发展提供了不可多得的发展机会。

3. 自贸区提供的贸易便利将促进空港经济的发展

自贸区的贸易便利条件是指自贸区内商品、货物进出的自由便捷优势和商品待售期间区内货物整理、储存的便利条件。自贸区处在关境之外，外来商品、货物可以自由进出，手续简便，同时区内一般有货物储藏和商品展示设施等健全的服务条件，对尚未售出的货物商家可自由运出或进行重新包装、分类再行售出，也可进行展示或储存起来等待好的行情待机出售。因此，实际上，自由贸易区是一个为外来商家提供最好便利条件的超级市场交易场所。

4. 自贸区功能的多样化能够促进空港经济的发展

有的自贸区在经营内容及功能上较为单一，如转口区主要经营内容为转口贸易，保税仓库以保税、仓储为主营业务，出口加工区等则主要从事外贸商品的加工制造业务，还有一些自贸区则经营多种业务，具有综合功能，例如，自由港等一般兼有贸易和仓储的功能，美国的对外贸易区则兼有贸易、仓储、商品展示、加工贸易等多种功能，有些综合自贸区甚至还具备旅游、金融等功能。自贸区功能的多样化能够促进空港经济的发展。

5. 自贸区优惠政策吸引的国外资本、先进技术和管理经验将促进空港经济的发展

自贸区的优惠政策将会对国外资本产生巨大的吸引力，外资企业的入

驻不仅促进了产业集聚，而且带来先进的技术和管理经验。与高度开放的氛围相联系，自贸区会产生一种最具实质意义的"学习"和创新效应，即外商投资企业的技术知识外溢会促进国内企业产品和业务创新，而在高度市场化和国际化条件下形成的中外客商云集的竞争格局，更会促使所有企业努力创新、完善经营，这一切都会给空港经济注入持久的活力。

三 自贸区促进空港经济发展的实践经验

在空港地区建立自贸区，空港与自贸区相互"耦合"，将极大推动空港经济的发展。爱尔兰香农国际机场、韩国仁川国际机场、阿拉伯联合酋长国（本报告以下简称阿联酋）迪拜国际机场、中国香港国际机场都在空港地区建立了自贸区，是空港与自贸区相互结合的成功典范。

（一）香农国际航空港自贸区

爱尔兰香农机场曾经是欧洲西北通往美洲的航线上最重要的中途站之一，来往于北美—欧洲西北部航线的飞机都需要在香农机场补充燃料，直接带动了当地航空服务业的发展。随着飞机制造技术的提高、续航能力的增强，香农机场的"补给"作用日益削弱，经济发展受到较大影响。因此，1960 年爱尔兰政府为吸引外资、全面发展香农地区，在香农国际机场以东 1 公里处建立香农国际航空港自贸区，依托特殊优惠政策该自贸区吸引了大量的跨国公司入驻。香农国际航空港自贸区是世界上第一个利用外资发展加工出口业的特区，开办了世界上第一家机场免税商店，并在机场周边地区设立了世界上第一个免税工业区。工业区内的飞机维修业在国际上享有盛名。据统计，香农国际航空港自贸区每年对爱尔兰及香农地区的经济贡献超过 6 亿欧元；2011 年自贸区内新增 406 个工作岗位，而与此同时整个地区的就业率正以每年 3% 的速度下滑。在经济萎缩的大环境下，香农国际航空港自贸区依然逆势发展，为本地经济创造了丰富的收入和充分的就业岗位。

（二）仁川经济自由区

为将韩国仁川国际机场所在区域发展成集航运、物流、金融、高新技术于一体的经济特区，2003 年 8 月，根据《经济自由区域的指定以及运营法律》，韩国政府正式确定依托仁川机场设立仁川经济自由区。经济自由区在税收、外汇管制等方面实行了一系列特殊的经济政策，取消或放宽了对外商投资的各种限制。该经济自由区毗邻仁川机场，目前正在规划建设之中，它具有规模巨大的商务中心、各种专门商店、餐厅和宾馆等各种服务设施，其建成为外商投资创造了更好的环境。经济自由区可以提供充足的航空运力，吸引物流企业、高附加值企业来此投资。同时，由于仁川国际机场周边散布着非常多的岛屿和旅游胜地，所以该经济自由区成为集商务、金融、旅游、休闲和居住为一体的经济区。仁川经济自由区的发展战略目标是 2020 年建成世界三大经济自由区域。

（三）迪拜机场自贸区

阿联酋迪拜机场自贸区位于迪拜国际机场的边界，于 1996 年成立，是迪拜政府制定的投资驱动型经济战略规划的一部分，也是该地区增长速度最快的优质自贸区之一。迪拜机场自贸区提供如下优惠政策：进出口完全免税；公司所得税全免；无个人所得税；外资可 100% 独资设立企业；资本和利润可自由汇出，不受任何限制；货币可自由兑换，不受限制；等等。迪拜机场自贸区发布公告称，2012 年该区共有企业超过 1600 家，包括航空、货运与物流、IT 与电信、医药、工程、食品和饮料、珠宝以及化妆品行业；2012 年该区进出口贸易额高达 1640 亿迪拉姆（约合 448 亿美元），比 2011 年的 950 亿迪拉姆增长近 73%，增长势头显著。2012 年，迪拜机场自贸区在《金融时报》集团旗下《外国直接投资（FDI）》杂志进行的 2012～2013 年度全球自贸区奖评比中获第一名，从 2011 年的第二名跃至榜首。该奖项彰显该自贸区成功的管理策略，即服务投资者及合作伙伴，实施区域贸易便利化。另外该自贸区还获得美国 2012～2013 年度理查德·古德曼战略规划奖，全球质量、完美和理想绩效奖等。

（四）香港自由港

1841 年英国独占香港后，香港就被宣布为自由港。香港并没有采取划设特定区域和制定特别法令的办法，而是致力于使香港全区发展成一个自由贸易港。历经 100 多年的发展，中国香港已由单一的转口贸易港发展成经济结构多元化的自由港。至 2013 年，香港已连续 19 年被美国传统基金会评选为全球经济最自由的地方。在供应链日趋全球化的背景下，被誉为世界首要物流枢纽之一的香港，作为进出中国的"门户"，其位置无可替代，它还扮演着亚太地区分销枢纽的角色。香港国际机场一直是全球最繁忙的机场。过去几年，香港机场的货运量全球第一，每年客运量大约有5000多万人。香港国际机场的巨大运量得益于香港的自由港政策。香港国际机场充分发挥航空自由港的优势。机场客、货进出境的手续比较简便，大大减少了旅客及货物在机场停留的时间。与此同时，香港的自由港政策吸引了众多的国际航空公司来此开展业务。

（五）樟宜机场自贸区

为吸引全世界销往亚太地区的货物集中于新加坡转运，并强化货物集散地功能，1969年新加坡通过了自由贸易园区法案，该法案详细说明了自由贸易园区（FTZ）的位置和政策，并规定了自由贸易园区的主要监管部门和职责。目前，新加坡境内的自由贸易区有7个，除坐落于樟宜机场的自由贸易区主要负责空运货物外，其余6个自由贸易区均负责海运货物。樟宜机场自贸区是与城市隔离的围栏式园区。1981年自贸区一期——航空货运中心建成，主要从事货物的快速装卸与转运、简单分类包装与重组等物流功能；2003年自贸区二期——机场物流园建成，增加了物流企业的商务功能、商品的部件组装修理等非深度加工功能。

四 河南空港经济发展的现状

（一）河南空港经济发展取得的成绩

1. 主要经济指标保持高速增长

郑州航空港实验区紧紧围绕"建设大枢纽、发展大物流、培育大产业、塑造大都市"这一发展主线，全力推进各项工作落实。2010~2014年，全区地区生产总值从27.6亿元跃升至421亿元，年均增速49.5%（按可比价格计算）；财政总收入从4.5亿元跃升至195亿元（含关税收入155亿元）；财政预算收入从1.5亿元跃升至21.2亿元，年均增速91%；全区固定资产投资从52亿元跃升至400.9亿元，年均增速41.6%；全区贸易进出口总值从1000万美元跃升至379.2亿美元，年均增速684.7%；工业总产值从58亿元跃升至2173亿元，年均增速147%。

2. 工业生产快速发展

郑州航空港实验区开始建设以来，实现生产总值由 2010 年（首次单独统计发布）的 27.6 亿元上升为 2014 年的 421 亿元，4 年提升超过 14 倍。2014 年规模以上工业增加值同比增长 22.3%，高于全省 11.1 个百分点。其中，富士康完成增加值 330.5 亿元，增长 23.1%，占规模以上工业增加值 96% 以上，主导着工业经济走向。2014 年三次产业结构为 4∶85∶11，其中第二产业发展尤为突出，所占比例较高。

3. 固定资产投资快速扩张

2014 年实验区固定资产投资已突破 400 亿元关口，比 2013 年增长 91.8%，占全省投资的比重为 1.3%，同比提高 0.5 个百分点。从主要行业投资情况看，房地产业 166.65 亿元，增长 74.2%；交通运输、仓储和邮政业投资 104.55 亿元，增长 107.8%；工业投资 80.03 亿元，增长 104.9%；水利、环境和公共管理业 47.1 亿元，增长 265.3%；批发和零售业投资 13.7 亿元；住宿和餐饮业 1.04 亿元，下降 43.6%。在投资总额中，第二产业和第三产业投资比例为 1∶4，表明当前以房地产业，交通运输、仓储和邮政业，批发和零售业，水利、环境和公共设施管理业为主的第三产业投资已占据实验区固定资产投资的较大比重，并将有利于逐步改变实验区工业比重独大的格局。

4. 航空物流发展迅猛

目前，在郑州机场运营的客运航空公司已达 26 家，开通客运航线 133 条，其中国际地区客运航线 15 条；在郑州机场运营的货运航空公司已达 17 家，开通货运航线 32 条，其中国际地区货运航线 28 条，居中西部地区第一位；客货运通航城市已达 86 个，基本形成覆盖全国及东南亚主要城市、连接欧美货运枢纽的航线网络，并依托航线网络优势开展国际国内货物"空空中转""空陆联运"等业务。2014 年完成旅客吞吐量 1580.54 万人次，同比增长 20.3%，在全国主要机场中排名第 17；完成货邮吞吐量 37.04 万吨，同比增长 44.9%，在全国主要机场中排名第 8。随着郑州机场的发展特别是货运量的增长，入驻的知名物流和货运代理企业包括 UPS、FedEx、空桥、丹马士、东航物流公司、国货航、海程邦达、捷运国际等达到 40 多家。

（二）河南空港经济发展存在的问题

几年来，河南空港经济得到了快速发展，但与国内外发达地区相比，仍然差距巨大。

1. 产业发展不协调

郑州航空港实验区规划主导产业包括航空物流业、高端制造业、现代服务业。当前，实验区航空型服务业发展基础较为薄弱，行业整体发展缓慢，涵盖航空物流业、高端制造业及现代服务业的航空产业体系还未建立。结合第三次经济普查的具体行业数据可以看出，就业人数最多的是高端制造业，其次是航空物流业，人数最少的是现代服务业。其中，计算机、通信和其他电子设备制造业就业人员达到27.5万人，其次是航空运输业5090人，医药制造业4580人，现代服务业人数最少，仅有几百人。从营业收入来看，计算机、通信和其他电子设备制造业也遥遥领先，2013年营业收入达到2043亿元，其中以富士康为骨干的手机通信终端企业贡献最大；医药制造业营业收入达到38.8亿元，居第二位，但和第一位行业相比差距巨大；仓储行业营业收入位居第三，为19.4亿元；航空运输业营业收入14.5亿元，位居第五。由于郑州航空港综合实验区尚处于起步阶段，规划中的三大主导产业仅有以手机通信终端制造业为主体的计算机、通信和其他电子设备制造业形成了一定的规模，居第二位的医药制造业规模尚小，仅有约38亿元的营业收入，尚没有一家大型医药企业产值较高，而物流业、现代服务业更加薄弱，亟待进一步培育壮大。

2. 产业集群效应不明显

郑州航空港实验区虽然发展迅速，设施不断完善，经济也不断发展，但是远没有达到产业集聚的水平，其产业规模相对较小，许多产业园区和设施目前仍正在建设筹备之中，无法快速发挥经济效益。郑州航空港实验区正在规划建设八大产业园，分别为智能终端（手机）产业园、航空物流产业园、航空制造维修产业园、电子信息产业园、生物医药产业园、精密机械产业园、电子商务产业园、商贸会展产业园。其中，智能终端（手机）产业园已有中兴、天宇等15家企业正式投产，而其他多数产业园尚未形成生产能力。总体来看，郑州航空港实验区产业集群效应不明显，未来发展应以产业集群为导向。

3. 产业航空指向性不强

由于缺乏实验区产业发展相关数据，这里使用新郑市产业发展数据替代。2013 年，新郑市第一、第二、第三产业增加值占地区生产总值的比重分别为 3.5%、70.4%、26.1%，其中第二产业主要行业增加值完成情况为食品制造业 24.30 亿元；烟草制品业 62.74 亿元；化学原料及化学制品制造业 16.74 亿元；医药制造业 8.88 亿元；非金属矿物制品业 69.83 亿元；黑色金属冶炼及压延加工业 22.38 亿元；纺织业 2.85 亿元；煤炭开采和洗选业 10.94 亿元。统计数据显示，实验区虽然入驻了一些具有航空指向性的项目，但这些项目对地区经济发展的作用有限，新郑市的主要产业仍然是传统产业。

4. 引进项目质量有待提高

截至 2014 年底，实验区存续企业 1603 户，同比增长 125.8%；注册资本 510.75 亿元，同比增长 33.6%，增速飞快，但从质量上来看还有待进一步提高。实验区引入项目存在两个问题。第一，处于产业链低端。现有引入项目以劳动密集型的加工制造业为主，研发机构、总部经济极少，而研发机构和总部经济是实验区空港经济可持续发展的重要基础。富士康是实验区引进的最大、最重要项目，生产计算机、通信工具、手机、消费性电子等零组件、机构件及系统软件等，厂房建设面积约 140 万平方米，2011 年底入住员工达 13 万人。但郑州富士康并没有研发部门，是典型的劳动密集型企业。第二，缺乏国际著名企业。区内知名度比较高的企业有富士康、UPS、FedEx 等，其他企业都不是著名企业。而国际上发展较好的空港经济区，以及国内的北京、西安等空港经济区内都聚集了大量国际著名企业，郑州航空港实验区与这些地区相比还存在较大差距。

五　河南空港经济发展的制约因素

（一）国际、国内外部环境的制约因素

当前，世界经济仍处于金融危机后的复苏和变革期，发展环境存在诸多不确定因素，国内经济全面进入新常态的转型期，河南空港经济发展环境复杂严峻。

1. 国际经济环境复杂多变

一是世界经济增长面临深度调整。全球总需求不足的局面短期内难有根本性转变，三低三高（低增长、低通胀、低需求、高失业、高债务、高

泡沫）风险交织。发达经济体进入流动性陷阱，新兴经济体发展增速出现回落。

二是产业发展动力面临深度调整。全球处于新一轮科技革命时期，创新竞争更加激烈，战略新兴产业成为各国重点培育的新经济增长点，这在给我国经济转型升级创造重大机遇的同时，也带来进一步拉大与发达国家发展差距的风险。

三是国际分工格局面临深度调整。美欧等发达经济体积极推进再工业化进程，与我国产业结构的关系由以互补为主向竞争替代转变。发展中国家产业链位势进行新一轮调整，部分新兴经济体与我国产业同构竞争加剧，对我国劳动密集型产业形成挤压。

四是经济贸易规则面临深度调整。国际和区域经贸规则主导权争夺日趋激烈，排他性增强且自由化程度进一步加深。美国力推两洋战略（TPP、TIPP），而我国主推"一带一路"战略和人民币国际化。短期内，中美两大经济体合作中的竞争态势趋于激烈。

2. 国内经济发展进入新常态

一是自然资源禀赋稀缺制约中国经济增长。能源、土地、水等自然资源是一国经济增长的基础要素，决定着一国在一定时期经济增长和发展的潜力和空间。过去30多年间要素驱动型的经济增长使我国自然资源稀缺性进一步显现，将继续制约经济增长。

二是人口要素禀赋的变化制约中国经济发展。长期实行的人口政策导致支持中国30多年高速增长的人口红利逐渐消失。受教育资源的分布差异以及人才培养结构的影响，中国人口的素质差距较大，不能满足中国产业结构升级对人才的需求。中国经济的增长面临劳动力不足和劳动力结构不合理的威胁。

三是技术要素禀赋的变化制约中国经济发展。中国现阶段的技术自主创新水平低，缺乏自主创新能力，技术要素对经济增长的贡献不足。此外，近年来由于国际贸易格局变化，中国技术引进的阻力逐渐增多，成本逐渐增加，直接获取先进技术的难度不断增大，缺乏技术创新导致内生动力机制无法支撑经济长期增长。

四是资本要素禀赋的变化制约中国经济发展。改革开放以来，中国经济发展呈现高储蓄、高投资的结构性特征，一直推行投资驱动型的经济发展方式，但是近年来由于投资者从资本市场中直接融资规模有限，以间接融资为主，融资成本较高，制约了市场主体的投资积极性。

（二）河南省自身的制约因素

为客观、科学地分析河南省自身存在的制约因素，下面的研究将采取横向比较的方法。西安国家航空城试验区、北京临空经济核心区、重庆空港工业园区、西南航空港经济开发区是国内比较成功的空港经济区，因此选择这四个空港经济区与郑州航空港实验区进行对比研究。

1. 腹地经济发展落后

首先，比较五个空港经济区所在城市的经济发展水平。表1显示，郑州与另外四个城市相比，经济发展总体水平低于北京，与成都、西安接近，高于重庆；三次产业结构高度化水平低于北京，与成都、西安接近，高于重庆；人均可支配收入，五城市中郑州居第四位。其次，比较五个空港经济区腹地经济发展水平。用五个空港经济区所在省份经济指标表示腹地经济发展水平，其中重庆腹地经济水平用四川省数据表示。河南经济发展水平处于中游水平，低于北京和陕西，高于四川；人均可支配收入，河南排在最后。综上，可以看出，郑州及河南经济发展水平相对落后。

表1　2014年郑州等五城市及所在省份经济发展状况

城市	人均国民生产总值（元）	三次产业结构	人均可支配收入（元）	所在省份	人均国民生产总值（元）	三次产业结构	人均可支配收入（元）
郑州	73056	2.2:55.6:42.2	29095	河南	37072	11.9:51.2:36.9	14204
西安	63794	3.9:40.3:55.8	36100	陕西	46929	8.8:54.8:36.4	15837
北京	99995	0.7:21.4:77.9	43910	北京	99995	0.7:21.4:77.9	43910
重庆	47859	7.4:45.8:46.8	25133	四川	35128	12.8:51.3:35.9	15749
成都	70019	3.7:45.3:51.0	32810	四川	35128	12.8:51.3:35.9	15749

资料来源：作者根据2014年各省份统计年鉴整理。

郑州航空港实验区腹地经济发展落后，经济辐射能力弱，导致物流起步较晚，客货源不足，航空发展较慢。世界500强企业在河南落户的较少，在郑州航空港实验区落户的外资物流企业也屈指可数。郑州市内少数需要空运的企业都集中在经济开发区、高新区和出口加工区，但这些企业规模小、空运需求少，致使本地航空货源供应不足。经济欠发达也制约了航空客流量的增加，航空客运发展也受到影响。

河南是全国第一人口大省，人口突破1亿人大关，是全国第一劳务输出省，因此河南本身就是一个庞大的航空运输消费潜力市场。但由于人均可支配收入较低，潜在客源量还比较小，对航空港实验区的带动能力有限。不断增强河南经济对航空运输业的拉动能力成为郑州航空港实验区快速稳定建设与可持续发展的重要任务。

2. 经济开放程度较低

首先，比较五个空港经济区所在城市的进出口规模。表2显示，郑州与另外四个城市相比，无论是进出口总额还是进口额、出口额都位列最后，说明郑州的对外贸易规模很小。其次，比较五个空港经济区所在城市的利用外资规模，郑州与另外四个城市相比，无论是合同利用外资额还是实际利用外商直接投资额都位列最后，说明郑州利用外资规模很小。

表2　2014年郑州等城市对外经济发展状况

单位：亿元

城市	进出口总额	进口额	出口额	合同利用外资额	实际利用外商直接投资额
郑州	2886.1	1228.9	1657.2	90.13	225.64
西安	264334	143912	120423	158.70	230.18
北京	25837	21961	3875.7	2217.87	561.93
重庆	5863.22	3894.76	1968.46	287.55	660.70
成都	3471	1369.4	2102.3	—	544.52

资料来源：作者根据2014年各市统计公报整理。

空港经济区的外向型经济特征十分明显：一方面，区域开放带来的对外贸易量增加将促进航空货运量和客运量的增加；另一方面，机场附近地区便捷的航空运输条件会吸引原料或产品出口型企业，或两头在外的出口加工型企业以及跨国公司总部入驻空港经济区。郑州经济开放程度较低，外向型经济发展不足，这是空港经济发展的巨大障碍。

3. 产业基础薄弱

这里所谓的产业基础是指各地区在开始发展空港经济之前的产业结构

情况。郑州航空港实验区于 2013 年成立，而对郑州航空港经济发展起重要推动作用的富士康于 2010 年入驻郑州港区，因此我们选择 2010 年各地区的工业发展状况进行产业基础研究。

郑州。主要行业包括：交通运输设备制造业；专用设备制造业；非金属矿物制品业；黑色金属冶炼及压延加工业；有色金属冶炼及压延加工业；食品制造业；电力、热力生产和供应业；煤炭开采和洗选业。主要工业产品包括：汽车；软饮料；钢材；耐火材料制品；服装产量；发电；速冻米面食品；化肥。

西安。主要行业包括：农副食品加工业；通用设备制造业；专用设备制造业；交通运输设备制造业；通信设备、计算机及其他电子设备制造业；非金属矿物制品业；化学原料及化学制品制造业；有色金属冶炼及压延加工业；黑色金属冶炼及压延加工业；电力、热力的生产和供应业；石油加工、炼焦及核燃料加工业。主要工业产品包括：电；原油加工；乳制品；液体乳；商品混凝土；机制纸及纸板；缝纫机；配合饲料；合成洗涤剂；水泥；风机；汽车；低压开关板；变压器；电力电缆；气体压缩机；电子元件。

北京。主要行业包括：交通运输设备制造业；电力、热力的生产和供应业；医药制造业；通信设备、计算机及其他电子设备制造业；文化创意产业；高技术产业；生产性服务业。主要工业品包括：钢材；乙烯；水泥；商品混凝土；汽车；集成电路；显示器；微型计算机设备；程控交换机；移动通信手持机（手机）；饮料酒；乳制品。

重庆。主要行业包括：汽车制造业；电子信息产品制造业；装备制造业；化医产品制造业；材料制造业。主要工业产品包括：钢材；铝材；微型计算机设备；笔记本计算机；打印机；水泥；农用化学肥料；汽车；轿车；摩托车；啤酒；卷烟。

成都。主要行业包括：电子通信产品制造业；医药工业；食品饮料及烟草业；机械工业；石油化学工业和建材冶金工业。主要工业产品包括：啤酒；白酒；钢材；水泥；汽车；中成药；化学原料；卷烟；家具；平板玻璃；电；光缆；半导体分立器件。

比较 2010 年各地区主要产业及主要工业品，可以发现，2010 年郑州的主要行业都不具有航空指向性，几乎没有适合航空运输的产品。但其他四个城市主要行业中的电子信息产品制造业、医药制造业以及通信设备、计算机及其他电子设备制造业等都具有航空指向性，手机、计算机、医药、半导体等产品都可采用航空运输。郑州的主要产业外向性程度低、产品附加值低、需要航空运输的货物比例低，发展空港经济的产业基础比较薄弱。

4. 机场发展相对滞后

从表3可以看出，2010～2014年，郑州机场客运、货运增速都快于其他四个机场，郑州货运增速又快于客运，2012～2014年，货运增速分别达到47.1%、69.1%、44.9%，郑州机场客运、货运增长潜力较大。虽然增速较快，但郑州机场客运、货运量绝对值不高，与其他四个机场存在一定差距。以2014年为例，在五城市机场客运量中，郑州最低仅为1580万人，北京为8612万人，是郑州的5.45倍，成都是郑州的2.38倍，重庆和西安均为郑州的1.85倍。2014年五城市机场货运量相比，郑州高于西安、重庆，低于北京、成都，北京货运量是郑州的5倍，成都是郑州的1.47倍。郑州新郑机场客货运量尽显弱势。

表3　2010～2014年郑州等五城市机场运量

年份	项目		郑州	西安	北京	重庆	成都
2014	旅客吞吐量	本期完成（万人）	1580	2926	8612	2926	3767
		比上年增长（%）	20.3	12.3	2.9	15.8	12.6
	货邮吞吐量	本期完成（万吨）	37.0	18.6	184.9	30.2	54.5
		比上年增长（%）	44.9	4.2	0.2	7.9	8.7
2013	旅客吞吐量	本期完成（万人）	1314	2604	8371	2527	3344
		比上年增长（%）	12.6	11.2	2.2	14.6	5.9
	货邮吞吐量	本期完成（万吨）	25.5	17.9	184	28	50.1
		比上年增长（%）	69.1	2.3	2.4	4.3	-1.3
2012	旅客吞吐量	本期完成（万人）	1167	2342	8192	2206	3160
		比上年增长（%）	15.0	10.7	4.1	15.8	8.7
	货邮吞吐量	本期完成（万吨）	15.1	17.4	180	26.8	50.8
		比上年增长（%）	47.1	1.3	9.7	13.1	6.4

续表

年份	项目		郑州	西安	北京	重庆	成都
2011	旅客吞吐量	本期完成（万人）	1015	2116	7867	1905	2907
		比上年增长（%）	16.6	17.5	6.4	20.6	12.7
	货邮吞吐量	本期完成（万吨）	10.2	17	164	23.7	47
		比上年增长（%）	19.8	9.2	5.7	21.4	10.5
2010	旅客吞吐量	本期完成（万人）	870	1801	7394	1580	2580
		比上年增长（%）	18.6	17.8	13.1	12.6	14
	货邮吞吐量	本期完成（万吨）	8.6	15.8	155	19.6	43
		比上年增长（%）	21.6	24.5	5.1	5.2	15.7

资料来源：作者根据民航总局历年全国机场排名资料整理。

空港经济的发展与机场的自身定位、机场在区域经济发展中的地位和影响力、机场自身设施的完善程度密切相关，机场是空港经济发展的基础，机场的大小会直接影响临空经济辐射范围的大小，机场本身的客货吞吐量则会直接影响空港经济的发展。因此，机场是决定空港经济发展的最基本条件。机场的发展规划、定位不同，空港经济的发展也呈现不同的特点。机场是空港经济产生和发展的核心设施和产业基础，郑州新郑机场现有航线及运力规模亟待提高。

5. **高素质人才缺乏**

空港经济发展需要具有国际化的战略视野及开放型思维的人才。从2014年五个空港经济区所在地区高等教育情况看各地人才培养情况，郑州、河南的研究生在校人数、普通高校在校人数、211大学数量、985大学数量都较少。郑州、河南的高等教育水平较低，人才培养水平较低，导致郑州航空港综合实验区人才队伍"先天不足"（见表4）。

表4　2014年郑州等地高等教育水平

项目	郑州	西安	北京	重庆	成都	河南	陕西	北京	重庆	四川
研究生在校人数（万人）	2.00	8.85	27.4	4.9	—	3.4760	9.87	27.4	4.9	8.8
普通高校在校人数（万人）	78.3	90.53	59.5	69.16	72.93	167.97	109.96	59.5	69.16	132.8

续表

项目	郑州	西安	北京	重庆	成都	河南	陕西	北京	重庆	四川
211 大学数量（所）	1	6	25	2	4	1	7	25	2	5
985 大学数量（所）	0	2	8	1	2	0	3	8	1	2

资料来源：作者根据 2014 各城市统计公报整理。

郑州航空港综合实验区高素质人才缺乏表现在以下方面。一是缺乏一支素质过硬的干部队伍。郑州航空港实验区建设是一项开创性工作，要求建设者必须有开阔的视野、创新的意识和富有激情的创业精神，现有干部能力明显不足。二是高端专业技术人才匮乏。航空物流、装备制造、产品设计、技术研发、高端技术维修、投融资等方面的高端人才供应非常有限。三是缺少人力资源综合机构，致使港区内的企业经常不能及时招到人才，影响企业发展。四是实验区现有居民素质相对低下。现有实验区内的从业人员或居民大部分由港区原有乡镇居民组成，文化素养和技能水平相对不高，需要大量的培训机构入驻并开展工作快速提高现居民的素质。

6. 体制机制创新不足

郑州航空港实验区作为全国首个上升为国家战略的航空港经济发展先行区，其先行重要的体现就是要能够灵活调整相关的政策，政府各部门能够根据具体的情况做出具体的反应，而不是一成不变地固守老套的管理方法或一味地等上面的政策。要能够在既有的体制下采取灵活的办法解决面临的实践问题，理顺各种利益关系，稳妥激发机制的活力和效率，充分调动各部门、各环节的能动性。但是目前，郑州航空港实验区在体制机制上还存在许多问题，突出表现为：土地利用与土地行政规划缺乏协调性，影响项目落地；企业债券、中期票据、信托计划、产业投资基金、资产证券化、发行股票、风险投资等多种方式融资未能得到广泛使用；飞机融资租赁等新的金融创新模式还未推广，吸引货源的跨境电子商务及其支付系统、期货交割系统都不完善；缺乏机制灵活的离岸金融平台，许多境外成员公司的外汇资金无法得到有效管理；融资租赁公司比较缺乏，无法有效支持飞机等大型航空产业的发展；通关便利化存在问题，郑州新郑综保区、保税物流中心、出口加工区三个海关特殊监管区目前各自为战，功能分散，有些交叉功能未能实现有效整合，与国内主要城市口岸合作较少，在区域通关、通检方面没有发挥应有的口岸功能，口岸集聚货物能力不强，边检过境手续烦琐，大通关机制的建立亟待推进。

7. 行政管理体制不畅

郑州航空港区是中国首个航空港经济发展先行先试区，负有政策创新制高点的使命，但目前的行政管理体制仍然沿袭城市新区的架构，管理体制不顺畅、不对接问题仍然存在，表现在两个方面。一是"两级三层"行政架构。厅级机构、市管为主、省级辅助的"两级三层"行政架构仍然存在工作推进机制层级多、责任主体不突出、行政效率受限的问题，办事效率低下。二是实验区与机场管理互不通约，割裂发展。郑州航空港区管委会与新郑国际机场管理有限公司同为厅级单位，分别为两套行政班底，存在日常工作中规划不同步、目标不统一、工作不协调、项目不对接等诸多问题。

六　河南自由贸易试验区建设给河南空港经济带来的影响

（一）河南自由贸易试验区可能制定的政策

河南自贸区正在积极申建，总体方案尚未公布，相关政策细节正在研究制定中。我们汇总目前各方面信息，初步给出一个可能的河南自由贸易区总体方案。

1. 总体考虑

以郑州航空港、中原国际陆港、海关特殊监管区、国家级开发区等为载体，以促进流通国际化和投资贸易便利化为重点，以国际化多式联运体系、多元化贸易平台为支撑，打造对外开放高端平台，发展成"一带一路"战略核心腹地。

2. 功能定位

多式联运的国际物流中心；引领流通消费国际化的创新发展示范区；投资贸易便利的内陆开放高地；监管服务模式创新先行区。

3. 实施范围

拟以郑州为主涵盖郑州、开封、洛阳三个片区，总面积约 120 平方公里。其中郑州片区约 80 平方公里，包括郑州航空港区块、中原国际陆港区块、郑州经济技术开发区、郑东新区金融集聚核心功能区，侧重探索以投资贸易便利化为主要内容的制度创新，打造国际物流中心和内陆开放高地。洛阳片区约 20 平方公里，以国家洛阳经济技术开发区为主，侧重探索事中事后监管服务模式创新；开封片区约 20 平方公里，以国家开封经济技术开发区为主，侧重探索以促进消费流通国际化为主要内容的制度创新。根据先行先试推进情况以及产业发展和辐射带动需要，逐步拓展实施范围和试点政策范围。

4. 可能制定的政策

借鉴已有四个自由贸易试验区的政策措施，结合河南的实际，我们认为河南自由贸易区可以主要在以下方面制定政策。

（1）探索建立投融资管理新体制，实现投融资便利化

第一，试行准入前国民待遇，按照准入前国民待遇"内外资一致"的原则，率先在自贸区范围内对"三个准入环节"（项目准入环节、外商投资企业设立和变更环节、工商登记环节）进行改革。第二，探索建立负面清单管理模式，对未列入负面清单的投资项目实施备案制。构筑对外投资服务促进体系，创新投资服务促进机制，进一步完善市场运行机制，探索形成有利于发挥各类投资主体积极性和创造性的良好环境。第三，构建多元化融资方式，创新财政资金支持产业发展的方式，积极发展债权投资计划、股权投资计划、资产支持计划等融资工具。

（2）探索建立贸易促进新机制，实现贸易便利化

第一，探索设立大宗商品交易和资源配置平台，推动大宗商品期货交割库建设，开展能源产品、基本工业原料和大宗农产品的国际贸易。健全出口退税资金池运作机制，逐步扩大资金池服务领域和业务范围。第二，发展市场采购贸易、跨境贸易电子商务、保税贸易、服务贸易等新型贸易方式。重点推动跨境贸易电子商务服务试点"多区域、多元化、多模式"运营，打造有影响力的大型跨境贸易电子商务平台，形成国际网购物品集散分拨中心。第三，推行注册资本认缴登记制、"先照后证"改革，实施工商营业执照、组织机构代码证、税务登记证"三证合一"。建立完善商事主体信用信息公示系统，实现准入与监管联动、信息跨部门共享。

（3）探索建立贸易监管新体制，实现监管便利化

第一，检验检疫方面，进出口检验适当放宽，创新检验检疫监管制度，

实行进境货物从口岸直通入区；仅实施动植物检疫、卫生检疫、环保试验和放射性检验；推行"方便进出，严格防范质量安全风险"的检验检疫监管模式。第二，海关监管方面"一线逐步彻底放开、二线安全高效管住、区内货物自由流动"，探索建立货物状态分类监管模式和试验区统一电子围网管理，建立风险可控的海关监管机制。

（4）探索建立物流发展新机制，实现物流便利化

第一，建成国际物流集散中心。初步建成郑州国际航空货运枢纽和现代物流中心，形成以公路运输为纽带、高效连接铁路和航空运输的多式联运体系，确立全国重要的多式联运中心和集散分拨中心。第二，建成转口贸易和多边贸易分拨集散中心。强化口岸功能，依托郑欧国际铁路货运班列、国际货运航班等物流载体，提升郑州在"新丝绸之路经济带"的重要节点地位，推动多边贸易，建立多式联运"一站式"通关机制，形成具有货物转口分拨、分装加工、票据服务、金融信息等高端服务功能的贸易中心。第三，促进航空货运长期稳定增长。拓展国际地区货运航线，大力发展联运业务。积极争取增加空域资源，改善和优化机场空域结构。加大进口货物组织力度，实现进出口货物平衡发展。运用先进经营理念、管理方式和信息技术，缩短货物进出港时间，提高货运中转效率。

（5）探索建立金融发展新体制，实现金融自由化

第一，推动金融服务业对符合条件的民营资本和外资金融机构全面开放，引导境内外金融机构在自贸区开展业务。第二，创新发展飞机、高端精密仪器、精密设备租赁等特色金融租赁和融资租赁业务。开展以供应链融资为核心的航空物流金融服务和保理业务。第三，深化外债管理方式改革，促进跨境融资便利化，深化国际贸易结算中心试点，拓展专用账户的服务贸易跨境收付和融资功能。

（二）自由贸易试验区建设对河南空港经济发展的影响

自贸区建设将在一定程度上削弱河南空港经济发展制约因素的作用。

1. 自贸区建设将促进郑州航空港腹地经济发展

第一，自贸区的建设能够为以郑州航空港为中心的区域经济打开更广阔的成长空间。自贸区可以将郑州航空港腹地的生产要素进行流动与融合，实现开放型经济发展，推动区域经济的新发展。第二，自贸区能够帮助郑

州航空港腹地开拓更多的贸易通道，能够将贸易、金融的发展辐射到东亚、中东、中欧以及拉美地区，促使郑州航空港腹地的贸易多元化，可以扩大贸易市场的容量，提高贸易规模，让郑州航空港腹地的发展充满活力。第三，自贸区的经济集聚效应显著，具有劳动力成本优势，能够实现物流、金融、服务以及文化方面的集聚。腹地经济的发展将给航空运输带来更多的客源和货源，吸引更多的生产要素在郑州航空港聚集，从而促进空港经济的发展。

2. 自贸区建设将有利于打造内陆开放高地

河南自贸区建设将成为对外开放的突破口。河南自贸区建设将在投融资便利化、贸易便利化、监管便利化、物流便利化和金融自由化等领域推动新一轮改革浪潮。投融资便利化将倒逼行政审批制度的改革，贸易便利化将倒逼市场准入制度的改革，监管便利化将促进大通关制度的建设，物流便利化将促进国际物流中心的建设，金融自由化将倒逼资本项目开放加速。这有利于自贸区及周边地区直接参与全球资源聚集和整合，提高国际国内两个市场的资源配置能力，参与国际市场和国际分工，提升其开放水平和国际化程度。

3. 自贸区建设将推动郑州航空港产业结构升级产生

第一，带来产业结构优化升级的机遇。自贸区强调服务业开放，而且是投资和金融领域更深层次的开放，是全方位、各领域的对外开放，这不仅改变过去30年以工业制造业为主的开放模式，而且将促进贸易方式的转变。而新型业态的贸易发展有助于我们打破目前在产业结构调整和经济发展方式转型等方面的瓶颈，着力发展服务业尤其是生产性服务业，提升贸易出口价值，提高在国际贸易价值链中的地位。第二，带来外贸出口上新台阶的机遇。郑州及河南全省开放程度不高，外向型经济发展薄弱，自贸区着力机制创新，推动实施"一线放开、二线管住"的监管模式，将有利于通关便利化、物流成本降低和口岸能级提升，并将促进贸易转型，这对郑州航空港出口企业无疑是极大利好。第三，带来招商引资大发展的机遇。积极推进自贸区建设，其实就是以更大的开放倒逼改革，加快政府职能转变，减少行政审批，让市场在资源配置中起决定性作用，这不仅将吸引更多的国际机构和跨国公司总部、研发机构、财务中心、运营中心入驻，而且能引来更多的包括银行、保险、证券等金融机构，会计师、律师等中介服务机构，从而促进外资经济、民营经济的共同快速发展。

4. 自贸区建设将促进新郑机场的发展

第一，贸易便利将促进航空货源增长。近两年，新郑机场的货物运输增速较快，但与北京、上海、广州、深圳、西安、重庆、成都相比还存在较大差距。随着自贸区制度的推进，贸易制度进一步完善，相关贸易便利配套服务提高，郑州将有望增强对货源的吸引力。第二，河南自贸区将大力发展跨境电商，加上与之相适应的海关监管、检验检疫、退税、跨境支付、物流等配套支撑，郑州机场有望成为跨境电商货物的运输及集散地。第三，自贸区建设具有辐射功能，将会带动周边地区的经济发展，从而扩大航空货源的腹地范围。第四，自贸区将有望成为贸易和购物零关税的自由港，叠加 72 小时过境免签政策，郑州航空港对于国内和国际中转旅客的吸引力将得到极大增强，给机场带来更多的国内国际航空流量，从而有利于机场打造航空客运的国际枢纽。同时，自贸区对客流的集聚效应尤其是中转旅客的增加，将有望给机场的非航业务带来更大的发展空间。

5. 自贸区建设将有利于高素质人才的汇聚

河南自贸区的政策有较大的优惠力度，办事流程的简单化、转口税收的降低及许多新金融创新政策的颁布都大大降低了创业的门槛，加上一系列优惠扶持政策，高层次人才、外国人才、大学生、新兴的网络企业等都把自贸区看作一块新的"黄金大陆"。新成立企业的大幅度增加，也给自贸区外的人们提供了更多更广的就业机会。国际化、市场化、法制化的经营环境，也会对高层次、高学历、高素质的人才产生很大的吸引力，尤其是在金融、物流和 IT 等新型领域。河南自贸区有望成为高素质人才汇聚的"自由港"，这将有利于河南空港经济的发展。

6. 自贸区建设的核心是体制机制创新

中国自改革开放以来，主要对几个特区和若干个国家级新区等给予特殊政策，以此推动区域发展。应该说取得了很大成绩。但是，随着经济发展和政策的趋同性越来越大，不少地方产生了政策依赖症，其竞争力并没有明显提高。河南自贸区将通过探索来解决政策依赖，彻底消除各种不合理的制度对市场经济的束缚。河南自贸区建设的核心是体制机制创新，被赋予在新时期加快政府职能转变、积极探索管理模式创新、促进贸易和投资便利化、为全面深化改革和扩大开放探索新途径并积累新经验的重要使命。创造制度红利、激发市场活力，是自贸区改革创新试验的最大优势。

7. 自贸区建设将促进行政管理体制改革

自贸区的设立和建设主要体现政府简政放权、转变职能的思想。砍掉一批审批事项，切实降低就业、创业、创新门槛；砍掉一批审批中介事项，切实拆除"旋转门""玻璃门"；砍掉一批审批过程中的繁文缛节，切实方便企业和群众办事；砍掉一批企业登记注册和办事的关卡，切实清除创业、创新路障；全面落实和深化省直属部门与郑州航空港实验区区直通车制度，逐步扩大直通范围和优化直通流程；在郑州航空港实验区实行相对灵活的机构设置办法，赋予其根据发展需要适时优化调整内设机构职能的权限；打破条块管理障碍，推动区域合作共建，建立郑州航空港区管委会与机场公司之间的定期沟通联络机制，加强合作交流，共同推动机场发展。这些行政管理体制改革，将会吸引更多企业进入郑州航空港实验区，河南空港经济将会实现更加健康的发展。

七　自由贸易试验区背景下河南空港经济发展的对策建议

自贸区的建设将会给河南空港经济发展扫清障碍，针对河南空港经济建设中存在的问题必须采取有效措施加以解决，加快推进河南空港经济发展。

（一）总体安排

1. 指导思想

加快落实《郑州航空港经济综合实验区发展规划（2013～2025年）》和《郑州航空港经济综合实验区产业发展规划（2015）》，充分发挥全国首个航空港经济发展引擎、开放平台和中原经济区核心层作用，率先建成最具活力的区域，一定要把握好国家赋予郑州航空港的定位，依托河南、服务全国、面向世界，敢为天下先，落实先行先试政策，当好河南改革开放的"试验田"和"窗口"，并将探索经验向全省推广。

2. 目标愿景

大胆探索，先行先试，加大改革创新力度，突破深层次的体制机制矛盾和障碍，建立健全符合国际化和法治化要求的投资贸易规则体系，将改革创新、发展航空经济与发挥区域比较优势、提高市场竞争力相结合，与引进高新技术、提高经济发展质量相结合，与生态保护和区域环境综合提升相结合。将郑州航空港实验区打造成全国航空港经济发展体制机制创新示范区。

3. 基本原则

坚持重在实效原则，不拘泥于条条框框和形式，从实际出发，对有利于"建设大枢纽、培育大产业、塑造大都市"的体制机制和制度都要积极借鉴运用，确保改革创新的实效性。

4. 总体目标

将郑州航空港实验区基本建成行政管理高效、投资贸易便利、监管模式灵活、城市生态宜居、法制环境规范的体制机制创新示范区，成为全国航空港经济发展最具活力的区域。

（二）工作重点

1. 大力发展航空金融，打造航空金融配置中心

依托郑州机场国际航空枢纽地位，充分发挥综合保税区"境内关外"的独特政策优势，整合利用区域资源，重点发展航空器金融、通用航空器融资租赁、"内外分离"型离岸金融服务和"孵化器"式金融服务，逐步将郑州航空港实验区打造成国际性的航空金融配置中心。发展重点是航空器金融、通用航空器融资租赁。

大力发展航空器金融。积极引入中国航空金融有限公司、AV Fund Source、AIRSTREAM 等国内外飞机租赁公司、国产大飞机租赁公司、公务机金融租赁机构、金融保险机构、航空租赁基金、航空产业基金等。创新飞机租赁发展模式，通过以航空公司为主体和以租赁公司为主体引进飞机、进口保税租赁飞机、融资租赁出口飞机、新飞机进口租赁和购买境外飞机租赁资产包等形式，为各航空公司提供航空器融资租赁或经营租赁服务。

开展通用航空器融资租赁。积极与国银、中银、工银和民生租赁等具有金融产业背景的银行系航空租赁公司，以及长江、渤海、奇龙和中航国

际租赁等以航空产业为背景的融资租赁公司进行合作，采用 SPV 等租赁模式，开展通用航空器融资租赁业务，抢占国内市场先机，打造全国领先的通用航空器融资租赁中心。

2. 大力发展会展业，打造会展业发展核心区

抓住郑州打造国家区域性会展中心的战略机遇，以绿地会展城项目建设为龙头，重点抓好中国（郑州）国际商品交易中心、中法进出口商品交易中心、欧洲制造之窗、国际珠宝产业园等项目建设，带动一批重大项目集聚发展，把郑州航空港实验区打造成郑州会展业发展核心区。发展重点是筹办国际性展会、引入和培育会展市场主体、打造特色的品牌会展、塑造大会展格局。

筹办国际性展会。积极筹办全球性的行业论坛和品牌产品发布会、博览会和展销会，打造具有国际影响力的高端航空及关联产业展会品牌。开辟保税展示区，设立独立的国家馆展示区域，举办高档汽车、公务机、珠宝、时装、首饰、奢侈品、进口食品、奶制品、艺术品等国际性展会。建设高标准、高规格、高等级的国际会议中心，承接国际一流会议，打造一体化服务平台。

引入和培育会展市场主体。积极吸引国际知名会展企业投资，鼓励本土会展企业通过兼并重组、合作办展等市场化手段，打造一批规模较大、国际竞争力较强的会展企业集团。引入法兰克福展览、美国克劳斯公司、爱博展览集团、中展集团、上海国际展览中心有限公司等国内外知名展览公司，到 2017 年力争进驻 2~3 家。

打造特色的品牌会展。首先，实验区以航空产业为支柱，会展产业要突出航空偏好的特色，重点筹办全球性的航材设备、机场装备、航空技术、通用航空等航空展会等，形成以航空产业链为核心的航空专业会展；其次，会展业实验区入驻大量高科技企业，并已形成完善的手机产业链条，可以积极筹划全球信息产业制造与研发论坛；再次，实验区应利用物流产业的优势和区域影响力，发展仓储物流技术展览会，使得物流产业和会展产业互动发展；最后，实验区应在国家大力支持发展文化产业的背景下，以中原文化为依托，积极面向海内外发展与中原文化有关的特色博览会。

塑造大会展格局。首先，实验区要鼓励会展业与展会相关服务产业建立合作联盟，聚集经济要素，实现产业深层次融合，形成互补、共赢的发展格局；其次，实验区应积极支持制造加工类大型专业展会发挥自身优势，拓展上下游产业链条，不断创新链条经济，形成全产业链型会展经济；再次，实验区应积极提供完善的国际会展服务与优越的会展环境，引入国际会展理念、管理经验与方法，吸引更多国际参展商来实验区参展；最后，加强与联合国教科文组织（UNESCO）、世界贸易组织（WTO）、全球展览业协会（UFI）等国际组织的合作，承办更多全球性的重要展会，提升实验区会展国际知名度。

3. 大力发展电子商务，打造全国最好的电子商务园

郑州作为全国首批"国家电子商务示范城市"和"跨境电子商务试点城市"，在发展电子商务方面具备多重优势，具有巨大的成长空间。实验区电子商务建设目标是基本形成以国际中部电子商务产业园为基础的电子商务产业体系，完成产业园区各项配套基础设施的建设。争取国家级电子商务产业园区的支持，打造全国硬件设施和条件最好的电子商务产业园。发展重点是跨境电子商务、电子商务产业园。

大力发展跨境电子商务。跨境贸易与物流流通是郑州航空港经济区的区位优势和特色品牌：一方面，通过跨境贸易电子商务，实现全球送达和全球到达的跨境贸易；另一方面，利用航空港实验区的立体交通区位优势实现国内贸易的电子商务高效运营。要开展跨境贸易电子商务综合改革试点，在进出口通关服务、结售汇等方面先行先试，加强与国内外知名电商的战略合作，搭建安全便捷的商业交易应用服务平台，建设全国重要的电子商务中心，研究探索建设跨境网购物品集散分拨中心。条件成熟时，在郑州机场扩大出境免税店。

加快电子商务产业园配套设施建设。实验区要建设以跨境电子商务、航空物流、仓储服务等为特色的电子商务产业园区。根据国际中部电子商务产业园自身的综合优势和独特优势，合理选择和布局园区所要发展的产业，确定主导产业、相关产业和配套产业，形成有效协同的产业链。加快电子商务产业园配套设施的建设，进一步协调和引导开发商对拟出租部分进行基本装修，与相关网络运营商合作，向企业提供质优价廉的网络接入服务，加快完善入驻条件。

4. 积极招商引资，促进产业集聚

选准目标，精准招商。紧盯珠三角、长三角、京津冀、港澳台等重点区域，围绕国际、国内行业龙头和重点企业，摸清企业情况，制定招商图谱，有方向、有目的地进行招商。同时，完善产业链条，促进产业配套发展。

强化对接，协会招商。与省外、境外的商会、行业协会密切联系，借力商会、协会资源拓宽招商渠道，并通过定期交流建立会商机制，收集企业发展动向；紧盯目标企业，开展"专人、专题、专案"驻点招商，力争取得招商实效。

突出平台，配套招商。积极参加产业转移、投资贸易洽谈等活动，开展项目对接和推介招商。加强知名院校对接，根据郑州实验区建设的需要，积极推进"校企科研结合"，抓好科研成果转化，在实验区内建立研发中心、院士工作站、大学科技园等科研平台，利用平台影响力争取一批"产学研"项目、高新技术类项目落地。

强化宣传，造出声势。通过策划高端媒体专题活动、借势广告媒体强化宣传、积极参加大型招商推介活动等方式，加大郑州实验区宣传力度，营造良好社会舆论氛围，切实提升郑州实验区形象和知名度。同时，通过加强推介对接合作意向，紧密联系意向项目，固定专人跟踪推进，全力取得招商实效。

完善保障，强化服务。通过落实领导分包和定期通报制度、建立招商激励制度、制定优惠政策等方式，明确责任，落实任务，激发全体人员的招商动力。牢固树立"项目至上、服务第一"的理念，全面实行服务承诺制、首问负责制、限时办结制、责任追究制，定期召开招商引资联席会议，研究解决招商引资工作中存在的困难和问题，为企业创造良好投资发展环境，树立实验区良好形象，形成品牌竞争优势。

5. 进行项目筛选，确保航空指向性

空港经济不是一个"筐"，不能什么都往里装。空港地区需要引进那些与航空运输相关的产业，对航空运输依赖不强、低端落后的产业要坚决剔除。在企业准入方面，应依据《郑州航空港经济综合实验区发展规划（2013～2025 年）》和《郑州航空港经济综合实验区产业发展规划（2015）》

进行筛选,不能盲目地将一些不符合产业布局规划的企业纳入园区。重点培育壮大航空物流、高端制造业、航空服务业三大主导产业,实验区要认真研究、充分吸纳国内外航空经济专家的观点,尽早制定产业发展目录。

6. 吸引研发机构入驻,培育实验区自主创新能力

在招商引资的过程中,各地各有关部门更加注重"科技含量、投资强度、产出效益、生态影响",变招商引资为招商选资,重点引进外资研发机构。积极迎合国(境)外高校、科研机构寻求科技成果转化载体的迫切愿望,努力组织实施一批国际科技合作项目。加大科技信息交流和科技成果转化公共服务平台建设力度,积极拓展内外资研发机构进入实验区的渠道。积极探索建立符合市场经济要求的产学研联合机制和组织形式,大力推进产学研活动的常态化、持续化。成立"实验区产学研合作服务中心",下设产学研办公室,邀请海内外高校科技管理人员进入实验区办公,共同推进科技成果引进和转化工作。大力推进科技成果转化公共服务平台的建设,加大扶持力度,积极鼓励内外资研发机构进入实验区,加大对研发机构"技术外溢"的促进力度,积极推动本土企业建立研发机构。加大高层次创新人才的培养和引进力度,为研发机构开展科技创新提供人才支撑。

参考文献:

[1] 河南省社会科学院课题组:《推进郑州航空港经济综合实验区建设若干问题研究》《区域经济评论》2015 年第 2 期,第 98 ~ 111 页。

[2] 李奇:《自由贸易区建设的目标模式与地方政府的管理创新研究》,博士学位论文,吉林大学,2010,第 45 ~ 48 页。

[3] 赵晋平:《自贸区的本质特征与创新点》,人民网,人民论坛,2015 年 6 月 19 日。

[4] 王章留等:《航空经济理论与实践》,经济科学出版社,2013,第 11 ~ 13 页。

[5] 唐德淼:《自贸区溢出效应背景下的现代流通产业发展战略》,《中国流通经济》,2014 年第 3 期,第 29 ~ 33 页。

[6] 江若尘:《中国(上海)自由贸易试验区对上海总部经济发展的影响研究》,《外国经济与管理》2014 年第 4 期,第 65 ~ 80 页。

[7] 郑豫晓等:《自贸区建设及其金融发展问题研究——基于郑州航空港经济综合实验区》,《金融理论与实践》2015 年第 5 期,第 78 ~ 85 页。

[8] 各地统计局:2014 年各地统计公报。

［9］《郑州航空港经济综合实验区发展规划》。

［10］《郑州航空港经济综合实验区建设体制机制创新示范区总体方案》。

［11］《中国（上海）自由贸易试验区管理办法》。

［12］《郑州航空港经济综合实验区产业发展规划（暂行）》。

图书在版编目（CIP）数据

中国（河南）自由贸易区申建研究报告／杨波等编
著 . -- 北京：社会科学文献出版社，2017.6
（航空技术与经济丛书. 智库报告）
ISBN 978 - 7 - 5201 - 0867 - 6

Ⅰ.①中…　Ⅱ.①杨…　Ⅲ.①自由贸易区 - 建设 - 研
究报告 - 河南　Ⅳ.①F752.861

中国版本图书馆 CIP 数据核字（2017）第 103166 号

航空技术与经济丛书·智库报告

中国（河南）自由贸易区申建研究报告

编　　著／杨　波　刘春玲　马凌远 等

出 版 人／谢寿光
项目统筹／陈凤玲
责任编辑／陈　欣

出　　版／社会科学文献出版社·经济与管理分社（010）59367226
　　　　　地址：北京市北三环中路甲 29 号院华龙大厦　邮编：100029
　　　　　网址：www. ssap. com. cn
发　　行／市场营销中心（010）59367081　59367018
印　　装／三河市东方印刷有限公司

规　　格／开　本：787mm × 1092mm　1/16
　　　　　印　张：11.5　字　数：179 千字
版　　次／2017 年 6 月第 1 版　2017 年 6 月第 1 次印刷
书　　号／ISBN 978 - 7 - 5201 - 0867 - 6
定　　价／68.00 元